中国宪法读本

秦前红 主编

人民出版社

中华人民共和国国旗

　　《中华人民共和国宪法》第一百三十六条第一款规定："中华人民共和国国旗是五星红旗。"

中华人民共和国国歌

(义勇军进行曲)

田　汉词
聂　耳曲

1 = G 2/4

进行曲速度　雄壮地

起

来! 不 愿 做 奴隶的 人 们! 把我们的 血 肉，

筑 成 我 们新 的 长 城! 中 华 民 族

到 了 最 危险的 时 候， 每 个人被 迫 着发出

最 后的 吼 声。 起 来! 起 来! 起 来!

我 们 万 众 一 心， 冒 着敌人的 炮 火 前 进!

冒 着敌人的 炮 火 前 进! 前 进! 前 进! 进!

《中华人民共和国宪法》第一百三十六条第二款规定："中华人民共和国国歌是《义勇军进行曲》。"

中华人民共和国国徽

说明：国徽的内容为国旗、天安门、齿轮和麦稻穗，象征中国
　　　人民自"五四"运动以来的新民主主义革命斗争和工人
　　　阶级领导的以工农联盟为基础的人民民主专政的新中国
　　　的诞生。

　　　《中华人民共和国宪法》第一百三十七条规
　　定："中华人民共和国国徽，中间是五星照耀下
　　的天安门，周围是谷穗和齿轮。"

目　录

第一章 宪法基本理论

第一节 什么是宪法

一、宪法溯源

"宪法"一词,在中国古代典籍中早有记载。在春秋时期,左丘明编撰的《国语·晋语九》中有:"赏善罚奸,国之宪法也。"当时所谓的"宪法",是指国家一般的典章与刑律,与今天我们所说的"宪法",在意义上并不相同。我们现在所理解的宪法的概念是在近代从西方传入中国的,而"宪法"这个词则是在 1873 年由曾任日本司法大臣的箕作麟祥所译①。在 19 世纪末随着中日甲午战争的爆发以及中国的战败,日本从西方移植的近代国家观念和制度开始大规模输入中国,"宪法"这个词就是在这一历史过程中进入中国人视野的。

在西方,宪法(Constitution)一词来源于拉丁语 Constitutio,本身含有"建立"、"构造"、"组织"的意思,主要是指一个国家的人民通过法律的形式构建其政治组织。宪法的含义在西方是经过漫长的演变才具有了我们现在所理解的含义。在古罗马帝国用它来表示帝王的"诏令"、"谕旨",以区别于市民会议通过的法律文件。欧洲在封建时代用它表示在日常立法中对国家制度的基本原则的确认,含有组织法的意思。英国在中世纪时期建立了代议制度,确立了国王没有得到议会同意就不得征税和立法的原则。随着王权不断地受到限

---

① 参见[日]美浓部达吉:《宪法学原理》,欧宗祐、何作霖译,中国政法大学出版社 2003 年版,第 272—273 页。

制,公民的自由权不断地扩大与巩固,议会的运作日臻成熟,法院的判例日积月累,英国逐渐形成了一套基于法律、政治惯例、司法判例等形式的政治运作规则,这套规则就构成了英国的"宪法"。由于英国的宪法植根于自身深厚的历史传统,很难以为其他国家所效仿和复制,但是英国宪法中所蕴藏的一些基本的宪法原则却被以后的宪法设计者们所吸收。

经过了17—18世纪的启蒙运动以后,人们对于国家权力应当如何运作、人民应当享有什么样的权利这些问题逐渐形成了更加系统的理论。美国在吸收英国的宪政经验和洛克、孟德斯鸠等人的政治思想的基础上,结合自身长期的政治实践,在1787年创立了世界上第一部成文宪法——美国联邦宪法,后又于1791年以宪法修正案的形式加入了《权利法案》,这样一部包含国家机构组织和公民权利的法律文件,就构成了以后其他各国宪法所效仿的基本形式。由于美国宪法是第一部成文宪法,而且其相对英国宪法来说更加简洁明了,同时又由于美国相对于其他国家来说是个新生的国家,因此其宪法被认为具有相当强的可复制性,极大地影响了以后其他国家的立宪历程。世界的立宪进程随着各国之间日益频繁的联系而不断加快,到了19世纪末20世纪初的时候,包括中国在内的世界上主要的大国都已经被卷入了立宪的浪潮之中。

到目前为止,宪法一词自近代意义的宪法文件产生以后,其概念日趋明朗,特指具有近代意义或立宪意义的基本法律,即以规范国家权力、保障公民权利为核心的根本法律。我国1954年宪法的主要制定者毛泽东称:"一个团体要有一个章程,一个国家也要有一个章程,宪法就是一个总章程,是根本大法。"

二、宪法的特征

宪法作为国家的根本大法,具有与其他法律明显不同的特征,主要表现在以下三个方面:

第一,宪法具有最高法律效力。

近现代实行宪政制度的国家大都明文规定了宪法的最高法律效力。所谓最高法律效力主要是指任何其他法律、法规、命令等都不得与宪法的具体规定与基本原则相违背。当普通法律、法规、命令出现与宪法相抵触的时候,应该宣布这些法律、法规、命令等因违宪而无效,需要予以废除或修改。我国现行宪法(即 1982 年宪法)在序言中明确规定:"本宪法以法律的形式确认了中国各族人民奋斗的成果,规定了国家的根本制度和根本任务,是国家的根本法,具有最高的法律效力。"第五条规定:"一切法律、行政法规和地方性法规都不得同宪法相抵触。"

宪法具有最高法律效力的这种特征并不是绝对的和一成不变的。当今在世界上的不少地区存在着国家之间不断融合的趋势,比如欧盟。在欧盟内部,各国都有自己的宪法,但是这些国家根据本国宪法所做出的判决未必都是终极的,宪法的最高法律效力还将会受制于某些重要的国际条约。

值得强调的是,就法律效力来说,其最终是否能够实现取决于法律的强制执行的程度,如果宪法不能通过有效的途径强制执行,那么其法律效力的最高性就会受到很大的影响。

第二,宪法具有较为严格的修改程序。

宪法作为具有最高效力的法规范,在修改程序上显示出非常严格的特征,这也是宪法作为根本大法的一种表现。在成文宪法的国家,宪法的修改要比其他一般法律更为复杂和严格,宪法本身为修宪提供了比较高的门槛。严格的修宪程序既保障了宪法的稳定性,同时也增加了释宪机关的权威性。例如,美国宪法第 5 条规定,宪法修正案必须由国会两院以 2/3 的多数或 2/3 州议会同意才能提出,而修正案的通过则必须由 3/4 的州议会或 3/4 的州制宪会议批准方能生效。有些国家在宪法中设置了不可被修改的条款,如法国宪法第 89 条规定:"政府的共和政体不能成为修改的对象。"还有一些宪法设置了全民公决的程序,如日本宪法第 96 条规定,本宪法的修订,必须经各议院全体议员 2/3 以上的赞成,由国会提议,向国民提出,并得其承认。此种承认,必须在特别国民投票或国会规定的选举时进行投票,必须获得半数以上的赞成。

第三,宪法具有高度的政治性。

从一般宪法产生与变迁的原由来看,包括了革命、政变、权力斗争和政治势力妥协等过程。每部宪法均有国家政治理念的宣示及其政府结构正当性的基础,这自然已充分说明宪法是具有高度政治性的法典。如果政治变迁比较剧烈,宪法亦会受到一定的影响,由此也可看出宪法是一种具有高度政治性的法律。

宪法具有高度的政治性是宪法与其他法律规范区分的基准。虽然其他法律作为上层建筑的一部分,也可能会体现出某些政治性,但是都没有宪法那样集中。宪法作为根本大法,它规定了一国最根本、最重要的制度,涉及的是一国带有普遍性、全局性的根本问题,诸如如何组织政府、如何设置国家机关、如何保障公民权利等。宪法具有规范政治权力价值,确定了政治权力行使的界限,因此宪法是具有高度政治性的法规范。

宪法除了以上的三个主要的特征以外,还具有其他一些特征,比如宪法的规定一般比较抽象和模糊,具有一定的概括性,这种概括性极大地拓展了宪法的适用空间,使得宪法具有很强的适应性,能够随社会发展而不断变迁。

三、宪法的分类

所谓宪法的分类问题,是在学术上确立某种标准,将客观存在的为数浩繁的宪法加以分门别类,简化成少数几种类型,以便将相近的、具有某些共同特征的宪法归类研究,探索它们所特有的规律。

(一)成文宪法与不成文宪法

这是以宪法的存在形式为标准对宪法进行的种类划分。凡国家机构的组织和人民权利义务的事项,是以法典的形式制定的,就称为成文宪法(Written Constitution)。成文宪法中有的是以单一法典,如中国宪法、美国联邦宪法都属于单一法典形式的成文宪法。另外还有以多种法律文件合并构成宪法的,如法国第三共和宪法(或称1875年宪法),是由《参议院组织法》、《公权组织法》(关于总统、部长之职权)、《公权关系法》(关于国会与总统职权关系)三种法典所构成。成文宪法之优点在于规定明确,政府权限与公民的权利义务,在条文中都有所规范,具有一定程度的相对稳定性。缺点则是更改不易、缺乏弹性,需要辅之以相应的宪法解释制度,以使宪法能够与时俱进。

凡是国家机构的组织及人民权利义务的事项,分散在不同时间颁布的法令规章之中,或是散见于一些约定俗成的宪法习惯及法院判例内,则称之为不成文宪法(Unwritten Constitution)。最典型的例子就是英国,英国宪法主要是由宪法性法律、国会制定法、法院判例、政治惯例及权威著述等所构成。比如1215年的《大宪章》、1689年的《权利法案》就属于宪法性法律;1701年的《王位继承法》、1911年的《议会法》等就属于国会制定法;就法院判例而言,英国法院在长期的司法实践中发展出来的人身自由、正当法律程序等宪法原则也都是英国宪法的组成部分。

不成文宪法在世界上只有极少数的国家在使用,如英国、新西兰。这种形式的宪法由于植根于长久的法律与历史传统,几乎不具有可复制性。成文宪法和不成文宪法作为宪法的一种形式上的分类标准,实际上是具有相对性的,两者的区别主要在于宪法是以法典为主,还是以习惯和判例为主。随着时代的变化,成文宪法和不成文宪法之间的界限日趋模糊,宪法的国际化趋势发展迅速,不同表现形式之间的宪法互相借鉴和融合也属常见。

(二)刚性宪法和柔性宪法

刚性宪法(Rigid Constitution)和柔性宪法(Flexile Constitution)的分类是由英国学者布赖斯在《历史与法学研究》一书中提出,其分类标准在于宪法修改与普通法律的修改程序是否不同。刚性宪法是宪法修改的机关或程序不同于普通法律的修改方式,而是必须经过特殊的机构或程序,具有一定的困难度。可以说,刚性宪法必然是成文宪法,其在宪法修改程序上的特殊性意在实现政治上的绝对多数共识,同时也是保护政治少数派的重要手段。柔性宪法是指宪法的修改由立法机关按照一般法律的修改程序即可修改的宪法。英国是典型的柔性宪法国家,其宪法性法律亦由议会按照普通立法程序进行修改。

优缺点方面,事实上柔性宪法修正通常比较容易,适应社会发展的能力更强,有缓和激烈政治斗争的作用,其缺点则是容易朝令夕改,不利于宪法的稳定性。刚性宪法由于一般不易改变,可减少不必要的政治纷扰,宪法的尊严也因此而受到维护。当然,这也并不一定能够真实地反映出各国宪法运行的实际情况。宪法的适应性,并不能完全以"刚性"或"柔性"单独判定,比如美国的刚性宪法,二百年来虽仅修正了二十七条,但仍可通过宪政惯例及司法解释等途径适应社会国家变迁之需要。而英国的柔性宪法,则因其成熟的政治与法治文化,宪法的稳定性与刚性宪法差距并不大,甚至比有些刚性宪法国家更加稳定。

(三)原生宪法与派生宪法

以宪法实质内容是否具有"原创性"而言,可将各国的宪法分为"原生宪法"(Original Constitution)与"派生性宪法"(Derivative Constitution)。[①] 前者完全根源于本土之需要创造者,如英国议会主权式宪法、美国宪法、瑞士宪法、德

———————

① 参见董和平:《宪法学》,法律出版社2004年版,第33页。

国的魏玛宪法;后者则是参照各国宪法比较吸收而制定出来,也可以说是一种移植宪法,如阿根廷宪法、加拿大宪法、日本宪法等。当今,世界上多数国家的宪法都属于派生宪法,主要是吸收借鉴英、美、法、苏联等国家的宪法。当然,派生宪法中也会有原创性的部分,例如我国在 1954 年制定宪法的时候,主要参考了苏联及东欧国家的一些宪法,但是仍有不少内容是结合本国实际情况而制定的。完全照搬其他国家的宪法是不足取的,世界上也没有哪两个国家的宪法是完全相同的。不同宪法之间会产生政治和法律制度上的竞争,这种制度上的竞争会使人类社会趋向于更加完善。

(四)规范宪法、名义宪法与语义宪法

规范宪法是指宪法能够真实描述该国国家权力运作的宪法,英美等国家的宪法就属于规范宪法。罗文斯坦以一件衣服来比喻,指规范宪法对该国宪政而言,犹如一套合身且事实上已开始穿着的衣服。[1] 自从中国的第一部宪法《钦定宪法大纲》诞生以来,中国的宪法并没有真正意义上的规范宪法。

名义宪法是指宪法规范虽然体系相当完备,但由于现实环境条件或政治文化尚不成熟,导致宪法暂时无法实行或仅能实施部分条款,至多只有教育性的意义而已。罗文斯坦将这类宪法比喻为:衣服暂时挂在衣柜里,等到身材达到标准时才穿在身上。许多发展中国家的宪法,由于缺少一些实施的客观条件,事实上就是属于这一类。

语义宪法是指现实中的政治运作与宪法规范几乎完全背离,权力的运行并不受宪法的约束,这时的宪法只是执政者的装饰外衣,主要起到宣示性作用,无非表示"我也有宪法"。苏联和东欧国家的宪法就属于语义宪法。这类宪法不仅无法起到限制权力的作用,反而经常被权力的无常变化所左右。罗文斯坦将之比喻为:这套衣服,完全不是真正的衣服,它只是一件披风,或一套装扮用的衣服而已,不具有衣服的基本功能。

四、宪法的发展趋势

自从世界上第一部成文宪法美国宪法在 18 世纪末出现以后,宪法就开始迅速向世界各地传播。随着各国之间的政治、经济、文化等方面的交流日益频

---

[1]   参见韩大元主编:《比较宪法学》,高等教育出版社 2003 年版,第 33 页。

繁,各国之间的联系日益紧密,制度之间的竞争又日趋激烈,宪法也呈现出一些比较明显的发展趋势:

第一,行政权力的扩张。① 在 20 世纪以前,尤其是在第二次工业革命以前,在国家权力的谱系中,立法权是占主导地位的。英国式的议会主权模式对于后发的国家来说具有很大的吸引力,以美国宪法为代表的总统制尚没有现在这样大的影响力。随着第二次工业革命的完成,尤其是两次世界大战以后,行政机关的权力得到了迅速地扩张。由于社会分工和专业化的程度越来越高,行政权的扩张不可避免,立法机关和司法机关在很多问题上已经渐渐失去发言权,只能主要起到监督作用。行政权力的扩张有很多种表现,比如大量新的行政机构的建立,行政机关职能的转变以及行政人员的爆发性增长。

第二,宪法的内容更加完备。最初制定的宪法往往篇幅较小,规定的事项也都是国家的根本性事项,而随着社会的不断发展,宪法的内容变得越来越详细,篇幅也呈现出扩大的趋势。新的内容源源不断地注入宪法,比如日益成为人们关注焦点的环境问题、同性恋问题等。

第三,公民基本权利的扩张。1948 年 12 月 10 日联合国正式通过了《世界人权宣言》,不但重申全人类生而自由,并享有相同的尊严与权利。同时更要求在人权的实践上,所有的人民与国家应采取相同的标准。1986 年更通过代表积极人权的《发展权利宣言》,肯定人民有权享受经济繁荣、社会进步的权利。因为人是发展的主体,应该成为发展权利的积极参与者与受益者,进而要求各国有义务透过立法及政策之推动,以全面扫除影响发展人权实践的障碍。人权和公民基本权利的保障已经从原来的消极人权迈向了积极人权。

按照人权的代际划分理论,第一代人权是消极形式的生命权、自由权与财产权;第二代人权是要求政府应积极保障的经济、社会、文化权益,如劳动权、受教育权;第三代人权则是着重个人与群体发展的权利,包括和平权、环境权等。由此可明显发现,世界宪法之趋势已经逐渐从第一、二代人权向第三代人权过渡,越来越多的国家将环境权、发展权等列入宪法,成为公民基本权利的新内容。

_____

① 参见周叶中主编:《宪法》,高等教育出版社、北京大学出版社 2000 年版,第 61 页。

第四,宪法的国际化趋势加强。① 国际关系对宪法发展有重要意义,第二次世界大战以来迅速发展的全球化趋势和经济一体化使得宪法发展也呈现出国际化趋势。表现为:(1)对国际法直接承认和接受,改变了近代宪法基于主权观念而对国际法采取的保留态度;(2)人权是国际法的重要领域,围绕人权问题签署了许多公约。许多国家加入人权公约,体现了公民基本权利领域的国际化趋势。以环境权为例,这项权利就不仅是某一国的公民权利,而是呈现出人类共同权利的特征,环境权正在变成一种无国界的权利;(3)宪法的区域化加强。

第二节　中国宪法发展简史

中国在近代以前是一个以中央集权为特征的皇权专制主义国家,并没有发展出近代立宪主义所需要的社会条件。皇帝制度、官僚制度、科举制、郡县制等制度都是围绕着中央集权展开的,这些制度并没有能够创造出现代政治文明,反而是随着时代的发展而逐渐暴露出其严重的弊病。19 世纪中期以后,鸦片战争的失败开启了中国近代的改革之路。军事上的战败使当时的统治者意识到了中国在"技艺"上的落后状态,并发起了以"师夷长技以制夷"为目的的洋务运动,但是很快洋务运动也被证明是失败的,中国在 1895 年的甲午战争中败给了日本这个新兴的君主立宪国。甲午战争极大地震撼了中国的知识分子,自此以后,中国开始进入了实质性的立宪时代。

一、清末的立宪活动

19 世纪末 20 世纪初,清廷面临的政治压力日益增大,朝野中的立宪呼声也此起彼伏。最终促使官方的立宪活动得以展开的一个直接原因是 1905 年的日俄战争。日本以君主立宪的小国战胜了俄国君主专制的大国,使当时的人们认为"日俄之胜负,立宪专制之胜负也"。朝野上下普遍将这场战争的胜负与国家政体联系在一起,认为日本的胜利是因为建立了立宪政体,"非小国

---

① 参见周叶中主编:《宪法》,高等教育出版社、北京大学出版社 2000 年版,第 63 页。

能战胜于大国,实立宪能战胜于专制"。1905 年,清政府成立了政治考察馆,研究各国政治和宪法情况,以备清廷立宪之用。同年,清政府派载泽、端方等五人出洋考察各国立宪的实际情况。考察立宪的五大臣回国以后,上书清廷,表示立宪有三大利:"一曰皇位永固,二曰外患渐轻,三曰内乱可弭",建议进行"立宪"。"东西洋各国之所以日趋强盛者,实以采用立宪政体之故……专制政体不改,立宪政体不成,则富强之效将永无所望。……中国欲富国强兵,除采取立宪政体之外,盖无他术矣!"但是,他们也指出,由于国人民智未开,"今日宣布立宪,不过明示宗旨为立宪预备,至于实行之期,原可宽立年限。日本于明治十四年宣布宪政,二十二年始开国会,已然之效,可仿而行也"。①1906 年 9 月 1 日,清政府颁发了《宣示预备立宪谕》,开启了"预备立宪"。

1908 年,清政府颁布了《钦定宪法大纲》,这是中国历史上的第一个宪法性文件。大纲共计 23 条,由"君上大权"和"臣民权利义务"两部分构成。由宪政编查馆参照 1889 年的《日本帝国宪法》制定,但有意删去了日本宪法中限制君权的有关条款,充分体现了"大权统于朝廷"的立法意图。《钦定宪法大纲》采用了列举的方式来界定"君上大权",共有 14 条,其中列举的权力包括了立法绝对否决权、召集和解散议会的权力、人事权、军事权、外交权、荣典权、赦免权、发布行政命令权、司法权、皇室财政权。这些权力实际上原来就存在,大纲只不过是对原有权力的确认和列举。《钦定宪法大纲》中的确也有两个条款用以限制皇权,分别是"委任审判衙门,遵钦定法律行之,不以诏令随时更改"和"惟已定之法律,非交议院协赞奏经钦定时,不以命令更改废止"。然而在法官由皇帝任命,同时皇帝还有立法绝对否决权的情况下,上述的这两条限制实际上是形同虚设。梁启超对《钦定宪法大纲》有很到位的评价,认为其是"吐饰耳目,敷衍门面"。

《钦定宪法大纲》在清末颁布时所起的作用主要是回应朝野日益高涨的立宪呼声,而对于限制皇权这个宪法最应该发挥的基本作用则是掩耳盗铃,视而不见。虽说《钦定宪法大纲》"只列君上大权,纯为日本宪法之副本,无一不与之相同",但是究其实质则与日本明治宪法相去甚远。明治宪法中关于限

① 参见夏新华整理:《近代中国宪政历程:史料荟萃》,中国政法大学出版社 2004 年版,第 38 页。

制皇权的关键性条款,《钦定宪法大纲》中并没有"机械地"效仿而是有意地避开,这种带有主观性的故意"欺骗"减损了其作为第一部宪法性文件的历史意义。

《钦定宪法大纲》虽然只是个"幌子",但是形式上的东西并不完全都是形式性的,甚至形式本身就具有实质性的意义。中国著名法史学家张晋藩认为:"自秦以来,专制制度下的皇帝,口含天宪,出言为法,皇权凌驾于法律之上。因此,尽管历代封建法典不断趋于细密,但从来没有任何一部法典对皇权有所规定,皇帝是不会受自己订立的一家之法所约束的。然而《钦定宪法大纲》虽然把封建皇帝的特权加以肯定,但毕竟是被法定化了。这是对皇帝固有的、无限的、绝对的权力的一种否定。"①清政府试图将《钦定宪法大纲》作为其再次建立合法性的基础,但这种努力被证明是徒劳的。

在《钦定宪法大纲》颁布以后,清政府倒台的节奏加快。1911 年的辛亥革命,推翻了统治中国近三百年的满清王朝,同时也结束了中国持续两千多年的君主专制制度。在辛亥革命后,清政府灭亡前夕,其曾经颁布了另一份宪法性文件《宪法重大信条十九条》(以下简称《十九信条》)。《十九信条》虽然没有规定人民的基本权利,但是实质性地限制了皇权,是一个能够体现君主立宪政体的宪法性文件,但是由于此时全国各省已纷纷宣布独立,清政府实际上已经分崩离析,《十九信条》也就成了一份根本不可能兑现的"宪法"。

二、民国时期的立宪进程

辛亥革命后一个月内,全国一半以上的省份宣布独立。1911 年 11 月 15日,宣布独立的各省都督府代表召开联合会议,12 月 3 日通过并公布《中华民国临时政府组织大纲》,作为临时宪法。

《临时政府组织大纲》仿照美国总统制,实行三权分立的政治构架。总统由参议院选举产生,但并不对参议院负责,同时为了权力制衡,总统对参议院的议案有复核权。这种仿照美国宪法设计的总统制,意图建立一种强大的行政机关以应对中国出现的种种危急情况。《临时政府组织大纲》还规定临时政府由临时大总统、副总统、行政各部、参议院和临时中央审判所组成。参议

---

① 张晋藩:《中国宪法史》,吉林人民出版社 2004 年版,第 122 页。

院是立法机关,它以各省都督府所派之参议员组成。临时中央审判所是司法机关。

《临时政府组织大纲》虽然有效时间只有三个月,但它在民国宪政史上有着重要的地位。它首次将西方三权分立的政府构架以及权力制衡的观念引入中国,对中国的宪政有着开启性的意义,以后的很多宪法文本中都含有《临时政府组织大纲》的基因。

1911 年 12 月 29 日,代理参议院依据大纲的规定,选举孙中山为临时大总统。1912 年 1 月 1 日孙中山宣誓就职,中华民国南京临时政府正式成立。但是在当时的中国,真正有实力令地方统一的并不是孙中山,而是袁世凯。清朝灭亡以后,袁世凯掌握了清廷遗留下来的军事权力,成为了一股最具实力的政治力量。孙中山的临时大总统之所以"临时",就是因为这个大总统的位置是为袁世凯预留的。

以孙中山、宋教仁等人为代表的革命党人,在南京临时政府成立以后,便开始着手修改《临时政府组织大纲》,意图通过宪法来约束袁世凯的权力。1912 年 3 月,《中华民国临时约法》由临时大总统孙中山予以正式公布。

《临时约法》是中国第一部正式的宪法性文件,它广泛地规定了人民的民主自由权利,采纳了权力分立与制衡的权力构架,宣告了人民主权的原则,奠定了中国共和政体的基础。它的不足之处在于将《临时政府组织大纲》中的总统制骤然变为责任内阁制,架空了大总统的权力,因人设法的痕迹非常明显,为以后政治上各派别利用宪法打击政治对手埋下了伏笔。由于《临时约法》设置了一种并不符合当时中国政治实际情况的政体模式,导致了以大总统为首的行政机关与以参议院为代表的立法机关之间的矛盾激化,最终使得《临时约法》形同具文。

在《临时约法》以后的几十年间,中国又相继制定了数部宪法,希望通过宪法来建立政治统治的合法性,但是由于国内外复杂的情势,这些立宪努力均以失败告终。至于失败的原因,主要有以下几点:

第一,经济基础薄弱,地区之间发展极不平衡,大部分中国人处于赤贫状态,缺乏民主和立宪主义生存的经济条件。按照马克思主义的唯物观,宪法作为法制体系的基础,属于上层建筑的部分,是由相应的经济基础决定的,没有相对比较发达的市场经济和产权交易体系,甚至大部分人几乎没有什么可以交易的财产,只是依靠土地的自然产出作为生存的必须手段,这样的经济基础无法为民主和立宪主义提供物质基础。

第二,现代政治文化缺乏,公民受教育程度低,缺乏公民意识。民国时期虽然中国的公共教育有了长足的进步,但是相对于我国巨大的人口数量,这一受教育的人口比例依然非常小。民众缺乏必要的文化启蒙,受中国传统的专制文化影响很深,短时间内难以有根本转变。

第三,国际环境恶劣。中国在20世纪上半叶面临着中国历史上可能最为艰难的国际环境,近邻入侵,强敌环伺,国内主要的力量用于抵御外敌,难以有更多的精力和耐心培育立宪主义的社会基础。

三、新中国的宪法变迁

(一)《共同纲领》

1949年在中国共产党的领导下,中国人民取得了国家独立和民族解放,建立了新的民主共和国。1949年9月29日,中国人民政治协商会议第一届全体会议选举了中央人民政府委员会,宣告了中华人民共和国的成立,并且通过了起临时宪法作用的《中国人民政治协商会议共同纲领》。

《共同纲领》除序言外,分为总纲、政权机关、军事制度、经济政策、文化教育政策、民族政策、外交政策共7章60条。它肯定了人民革命的胜利成果,宣告了人民民主共和国的建立,规定了新中国的国体和政体。它确认"中国人民民主专政是中国工人阶级、农民阶级、小资产阶级、民族资产阶级及其他爱国民主分子的人民民主统一战线的政权,而以工农联盟为基础,以工人阶级为领导"。它规定人民代表大会制为我国的政权组织形式;宣布取消帝国主义在华的一切特权;没收官僚资本,进行土地改革;并且规定了新中国的各项基本政策和公民的基本权利和义务。由于它所规定的是国家制度和社会制度的基本原则及各项基本政策,并且由于它是由代行全国人民代表大会职权的中国人民政治协商会议制定的,因此,尽管它还不是一部正式的宪法,但不管从内容上还是从法律效力上看都具有国家宪法的特征,起了临时宪法的作用。它是新中国成立初期团结全国人民共同前进的政治基础和战斗纲领,对于巩固人民政权,加强革命法制,维护人民民主权利,以及恢复和发展国民经济方面起着指导作用。

（二）**1954 年宪法**

新中国在 1954 年的时候进入了和平建设的年代,过去几年内中国进行了土地改革、抗美援朝、镇压反革命分子、恢复国民经济等大规模的斗争,这为有计划地进行经济建设、逐步过渡到社会主义社会准备了必要的基础条件。制定一部新的宪法以巩固人民民主专政的社会主义政权也就显得越来越迫切。

1953 年年底,毛泽东带领他的秘书班子到杭州开始了宪法草案的起草工作。整个宪法大的框架、原则、重要条款可以说都或多或少体现了毛泽东本人对于新中国将要采行什么制度的一些观念和想法。宪法草案的起草工作大概历时三个月左右,到了 1954 年 3 月,经过中共中央的反复讨论,宪法的基本内容大都确立了下来。1954 年 9 月 20 日,第一届全国人民代表大会召开,通过了 1954 年宪法。

1954 年宪法共 4 章,106 条,分为序言、总纲、国家机构、公民的基本权利和义务等几个部分。通常认为,1954 年宪法是新中国制定的比较完备的一部宪法,而且结合了自身的国情,具有相当多的原创性。但是由于种种原因,1954 年宪法实际上并没有很好地运转,国家权力的运行很快脱离了宪法的轨道,公民的基本权利也一再受到强烈地压制,宪法并没有起到其应有的作用。

（三）**1975 年宪法与 1978 年宪法**

1975 年宪法与 1978 年宪法都在不同程度上反映了中国在 20 世纪六七十年代发生的"文化大革命"。在这一特殊的历史时期,法制遭到了巨大的破坏,宪法沦为了政治斗争的工具,公民的基本权利未能得到保障,宪法存在的意义微乎其微。

（四）**1982 年宪法**

1978 年中共十一届三中全会以后,中国的发展方向出现了根本性的变化。这种根本性的变化反映在政治领域就是 1982 年宪法的制定。1982 年 12 月 4 日,第五届全国人大第五次会议通过并公布了现行宪法。无论从结构上,还是从内容上看,1982 年宪法都体现了对 1954 年宪法的继承和发展,也是新中国成立以后最稳定的一部宪法。

1982 年宪法共 4 章,138 条,分为序言,总纲,公民的基本权利和义务,国家机构,国旗、国徽、首都五个部分。1982 年宪法相对于以往的宪法有几个重要的变化,如在宪法文本的结构上,将公民的基本权利和义务置于国家机构之前,显示了公民基本权利的优先性地位;在宪法的内容上,确立了坚持四项基本原则和以经济建设为中心的根本路线;废除了领导职务的终身制;重新设计了国家主席制度;确立了社会主义下的财产权制度等。

1982 年宪法在制定的时候,中国还是一个刚刚实行改革开放的国家,各种制度都难以应对国家快速发展的需要,宪法也不例外。为了能够与时俱进,1982 年宪法迄今为止已经有过四次修正,分别是 1988 年、1993 年、1999 年和 2004 年,这些宪法修正案绝大多数是对序言和总纲中的条款进行的修正,并主要集中在经济制度领域,关于国家机构和公民基本权利和义务的条款则相对来说修正较少。

1988 年,我国第一次采用宪法修正案的形式修改宪法,由第七届全国人大第一次会议通过。主要修改之处为:增加规定"国家允许私营经济在法律规定的范围内存在和发展";同时将有关条款修改为"土地的使用权可以依照法律的规定转让"。这次修改主要是明确了私营经济在社会主义中国的作用和地位,为市场经济的发展提供了宪法上的依据和保障。

1993 年,第八届全国人大第一次会议通过宪法修正案,主要将"社会主义初级阶段"和"建设有中国特色的社会主义"及"改革开放"正式写进宪法;将"家庭联产承包为主的责任制"取代"人民公社","市场经济"取代"计划经济"。宪法在 20 世纪 90 年代初的这次修改意义相当重大,主要是确立了社会主义市场经济的宪法地位,并再次明确了中国的现代化建设和发展的方向。

1999 年,第九届全国人大第二次会议通过宪法修正案,主要将"邓小平理论"写进宪法序言,与马克思列宁主义、毛泽东思想一起,成为我国社会主义现代化建设的指导思想;明确规定"中华人民共和国实行依法治国,建设社会主义法治国家"。

2004 年,第十届全国人大第二次会议通过宪法修正案,主要将"三个代表"重要思想写入序言,与马克思列宁主义、毛泽东思想、邓小平理论一起,作为社会主义现代化建设的指导思想;增加"国家尊重和保障人权"的条款;增加了国家主席"进行国事活动"的权力。

第三节　宪法基本原则

宪法是国家的根本大法，是治国安邦的总章程，是一切国家机关、政党、社会团体和公民个人所遵循的根本活动准则。宪法既有一些法律规则的规范表达，也有一些法律原则的宣誓，相较于法律规则而言，由于宪法规范相较于部门法中的法律规范具有最高性、抽象性的特点，宪法文本中的法律原则对一部宪法的意义更重大。那么什么是宪法原则？宪法原则又包括哪些内容呢？由于宪法内容的丰富性，宪法中的原则存在一定层次感，有些原则仅仅只调整某一领域的内容，是为宪法的具体原则，比如宗教信仰自由原则只调整公民对待宗教方面的问题，也有一些统摄全部宪法规范的基本原则。本节主要介绍那些反映宪法精神和价值取向的宪法基本原则。

一、宪法基本原则概说

宪法基本原则是立宪者设计宪法规范时的具体思路和基本准则，它隐藏在宪法规范的字里行间，贯穿设计的始终，是串联宪法规范的骨架。宪法基本原则体现宪法的应然价值取向、统合宪法规则并是指导全部宪法实施过程的依据和准则，是主要宪法思想的高度浓缩。[1] 宪法基本原则具有以下特征：第一，普遍性。宪法基本原则能够指导一国宪法实践的全过程，即贯穿立宪、行宪和护宪的全部过程。第二，自享性。宪法基本原则必须是"宪法"本身所特有的原则，而不是其他法律或政治文件的原则，一般只用来指导一国的宪法实践。第三，终极性。宪法基本原则是宪法价值的最高体现，也是宪法权威的本源所在，它是判断一切政治行为与普通法律文件是否合法合宪的最高依据，更是正义的最高尺度。第四，抽象性。宪法基本原则来源于人们对宪法思想和宪法实践的高度抽象概括，多蕴含于宪法规范和宪法实践，只有少数的宪法原则会在宪法中获得明确与规范的表达。[2]

---

[1]　参见秦前红：《宪法原则论》，武汉大学出版社 2012 年版，第 57 页。
[2]　参见周叶中主编：《宪法学》（第 3 版），高等教育出版社、北京大学出版社 2011 年版，第 86 页。

宪法基本原则作为宪法的灵魂,是体现在宪法制度和程序中的价值和理念,是构成宪法价值共同体的基础和链接点,决定了其对一国的宪法实践具有重要的作用和功能。首先,宪法基本原则整合众多的宪法规范和宪法制度,消除宪法规范、宪法制度内部及其相互间的冲突,形成一个和谐的宪法规范和制度体系;其次,宪法基本原则指引一国宪法实践的全部过程,弥补宪法规则的漏洞,并为宪法的灵活解释提供指导,从而使宪法能够在保持稳定性的同时适应社会的变迁;最后,宪法基本原则作为宪法的"元规则",提供了一切公权力合法性和正当性判断的终极性依据,也为构造正当性的权力秩序预设了价值内涵。

按照上述宪法基本原则的概念、特征及功能与作用,我国宪法学界一般将宪法基本原则概括为人民主权原则、基本人权原则、权力制约原则和法治原则。[①] 但是,这种概括往往忽视了我国政治生活中最为重要的现象,即中国共产党作为执政党的特殊政党架构,已承担起国家政权组织者和行使者的重要角色,且现代民主政治实质上已是政党政治的这一趋势,因而有必要在宪法基本原则中增加一项政党主治原则。因此,我们认为,中国的宪法基本原则包括以下原则:人民主权原则、基本人权原则、权力制约原则、法治原则和政党主治原则。其中人民主权原则解决国家权力的归属和来源问题;政党主治是国家权力运行的形式;权力制约原则解决权力运作的偏差与弊害;法治国是权力运行的方式和人权保障的制度性关键;人权保障则是权力运行的目的。

二、宪法基本原则各论
(一)人民主权原则

人民主权,也被称为主权在民,其核心思想是指国家权力来源于人民,或者属于人民。主权一般意义上被认为是指对内最高统治权和对外独立权。社会主义的国家理论奉马克思主义为其立国基础,普遍坚持人民主权学说,认为国家的一切权力属于人民,但马克思主义学说与西方学者的观念有较大的差别。首先,两者对人民主权原则的理论基础认识不同。西方学者的人民主权

---

① 参见周叶中主编:《宪法学》(第3版),高等教育出版社、北京大学出版社2011年版,第83页。

学说建立在自然法的理论基点上,认为人民主权是社会契约的结果;社会主义宪法学者认为"人民群众是历史的创造者",国家主权是统治阶级即人民所专有的权力,是人民争取国家政权斗争的结果。其次,两者对"人民"的界定范围不同。在西方,"人民"并不是一个政治概念,其与"国民"基本通用,意指全体公民;然而,社会主义国家学说更多地从实质民主的角度来界定人民的概念,只有享有民主权利的人民才是主权的所有者,而作为专政对象的公民则被排除在人民之外,国家是对人民的民主和对敌人的专政,即人民民主专政。现阶段享有主权者主要包括全体社会主义劳动者、社会主义事业建设者、拥护社会主义的爱国者和拥护祖国统一的爱国者的广泛的爱国统一战线。最后,两者对主权能否分割认识不同。① 西方学者认为三权分立与人民主权并不矛盾,他们通常主张以三权分立的权利架构来表现人民主权,以普遍、平等的公民权利来实现人民主权,美国更是存在联邦与各州分享主权的二元主权论。然而,社会主义国家认为主权是不可分割的,作为人民主权实现载体的人民代表大会制度具有超然的地位,全国性的人民代表机关在国家权力体系中居于核心和最高地位,其他国家机关由其产生并对其负责。

人民主权原则这一具有高度抽象性的宪法基本原则,各国宪法主要存在两种表述方式,一是在宪法序言中予以抽象宣告,二是在宪法正文中体现人民主权原则。与在宪法序言中体现人民主权原则相比,由于序言效力的自身缺陷,在宪法正文中用宪法规范来表明人民主权原则更为常见,宪法规范来体现人民主权原则一般有两种方式:一是宪法规范直接确认,明确宣布主权属于人民,比如法兰西第五共和国宪法在第3条明确规定:"国家主权属于人民,由人民通过其代表和通过公民投票的方式行使国家主权。任何一部分人民或者任何个人都不得擅自行使国家主权。"中国宪法对人民主权原则的规定主要体现在以下几个方面:(1)宪法第二条规定,"中华人民共和国的一切权力属于人民",以根本法的形式确认人民主权原则是我国宪法的基本原则;(2)明确规定人民行使国家权力的机关是全国人民代表大会和地方各级人民代表大会,以此种方式来保证人民主权原则的实现;(3)确立了依法治国的原则,规定人民可以通过各种途径和形式管理国家事务,并且确认了人民广泛的公民

① 参见陈端洪:《宪治与主权》,法律出版社2007年版,第23—25页。

权利及其保障措施,以保障和促进人民主权原则的实现。

(二)基本人权原则

人权是指作为一个人,为满足其生存和发展需要而应当享有的权利。基本人权作为宪法的出发点和归宿,是判断宪法是否为"良法"的重要标准。1776 年美国的《独立宣言》明确宣布:"我们认为这些真理是不言而喻的:人人生而自由平等,他们都从他们的'造物主'那里被赋予了某些不可转让的权利,其中包括生命权、自由权和追求幸福的权利。"法国的《人权和公民权利宣言》则以更大的激情宣布:"在权利方面,人们生来是而且始终是自由平等的;任何政治结合的目的都在于保存人的自然的和不可动摇的权利,这些权利就是自由、财产安全和反抗压迫。"

当今世界各国宪法表述基本人权原则的形式,概括起来主要有四种模式:第一种模式是既确认基本人权原则,又以公民基本权利的形式规定基本人权的具体内容,这是大多数国家的宪法所采用的体例。第二种模式是宪法中并不明确宣告基本人权原则,而是通过规定公民的基本权利来体现这一原则。如《德国基本法》并没有发现对基本人权原则的明确宣告,而仅是在第一章"基本权利"中规定了公民的基本权利。第三种模式是法国式的,即既以人权宣言作为序言,又在正文中明确规定公民的基本权利。第四种模式是在宪法中专门列出一章或一节确认基本人权原则。比如《意大利宪法》在"基本原则"的大标题下确认基本人权原则的同时,确认了它的具体内容。

我国现行宪法采用的就是第一种模式,即不仅在第一章"总纲"中第三十三条规定"国家尊重和保障人权",而且在"公民的基本权利和义务"专章中规定了公民在政治、经济、文化和社会生活各方面的权利。①

需要注意的是,由于我国宪法体现的人权观与西方国家有较大出入,各自的人权发展阶段也不相同,因此在人权观念上存在一定的分歧。这种差别是我国现阶段发展中的一个必然的现象,随着社会经济及人们观念的变化,也伴着西方国家对中国更深入全面地了解,中西之间关于人权的认识会更加具有包容性,差异性也会逐渐减少。

---

① 参见周叶中主编:《宪法学》(第 3 版),高等教育出版社、北京大学出版社 2011 年版,第 89 页。

（三）法治原则

法治是与人治相对称的一套价值系统、治国理论、制度体系和运行状态。现代西方的法治理论主要沿着两个路径发展：一个路径是延续形式主义法治理论发展传统，另一种则是企图修补形式主义法治缺陷而形成的实质主义法治理论。前者以英国学者拉兹和美国学者富勒为代表。富勒在论证法的道德基础时，也提出了法治的八项原则：法应具备一般性、法应公布、法不应溯及既往、法应明确、法不应自相矛盾、法不应要求不可能实现之事、法应稳定、官方行动应与宣布的法律保持一致；后者（即实质法治）开始于德国学者韦伯对资本主义法律合理性的探讨，自韦伯之后法兰克福学派的代表人物之一纽曼继续了对形式法治转向实质法治的观察，并将韦伯关于现代法发展会出现反形式主义的预见向前推进了一大步。① 20 世纪 50 年代以后，越来越多的人开始关心实质法治问题：1959 年印度德里"国际法学家会议"通过的《德里宣言》将法治大致概括为三条原则：一是立法机关的职能在于创设和维护使每个人保持"人类尊严"的各种条件；二是不仅要为制止行政权的滥用提供法律保障，而且要使政府能有效地维护法律秩序，借以保证人们具有充分的社会和经济生活条件；三是司法独立和律师自由是实施法治原则必不可少的条件。其中，前二条就包括实质法治价值取向。美国学者德沃金作为当代西方最有影响的学者之一，虽然没有专门论述法治问题，但从他关于权利的论述中，我们可以看到他对形式法治的明确挑战：他主张道德权利，强调个人可以"良心拒绝"和"非暴力反抗"国家不正义的法律；他反对孤立的形式平等，主张给予处于不利地位的群体和个人以更多保护；他要求捍卫体现"公平、正义"要求的法律原则等等，都含有明显的实质法治的精神。

无论是把法治界定为治国方法、法制的理想状态、法律运行的原则，还是把法治看作是法律制度的价值标准、社会结构状态，必须首先建构法律制度这个前提，理所当然地要以宪法作为法治的核心，因此我们可以说宪法存在本身就是实行法治的一个重要标志。法治原则在不同国家、不同时代、不同民族传统和法律背景之下，有不同的宪法形式来表现。我国 1999 年 3 月 15 日由九届全国人大第二次会议通过的宪法修正案明确规定："中华人民共和国实行

---

① 参见张文显：《二十世纪西方法哲学思潮研究》，法律出版社 2006 年版，第 276 页。

依法治国,建设社会主义法治国家。"从而从总体上确立了我国的法治体制。除此以外,现行宪法的其他不少条款也体现了法治的精神,具体内容有:(1)在序言中郑重宣告中国要建设"富强、民主、文明"的国家,要发展社会主义民主,健全社会主义法治。确认宪法具有最高的法律效力,一切政党、团体、组织和个人必须在宪法和法律范围内活动;在总纲中明文规定:"国家维护社会主义法制的统一和尊严","任何组织或个人不得有超越宪法和法律的特权"。(2)在"公民的基本权利和义务"一章中确认"中华人民共和国公民在法律面前一律平等","公民的人身自由不受侵犯","公民的人格尊严不受侵犯"等。(3)在国家机构中规定:人民法院和人民检察院依法独立行使职权,不受行政机关、社会团体和个人的干涉。2014年中共中央十八届四中全会作出了《中共中央关于全面推进依法治国若干重大问题的决定》,把依法治国提高到了一个更高的层面上,认为依法治国是坚持和发展中国特色社会主义的本质要求和重要保障,是实现国家治理体系和治理能力现代化的必然要求。

(四)权力制约原则

权力制约原则是指国家权力的各个部分之间相互制约以保障公民权利,其存在的历史基础和现实前提是国家与社会的分离,即产生了一个以商品经济为主的私人自治领域,进而使得国家主权所有者和行使者之间的分离,国家权力所有者因无法直接行使自身享有的权力而将它委托给不同的行使者行使不同性质的权力。孟德斯鸠在《论法的精神》中将国家权力分为立法权、行政权和司法权,并指出:"当立法权和行政权集中在同一人或同一机关之手,自由便不复存在了;因为人们要害怕这个国王或议会制定暴虐的法律,并暴虐地执行这些法律";"如果司法权不同立法权和行政权分立,自由也不复存在了。如果司法权和立法权合而为一,则将对公民的生命和自由施行专断的权利,因为法官就是立法者。如果司法权同行政权合而为一,法官便将握有压迫者的力量。"与资本主义国家分权制衡原则不同的是,由巴黎公社首创、经马克思主义经典作家阐释与强调的社会主义国家权力制约原则,它强调的是国家权力机关之间的分工配合与监督。

纵观社会主义国家的宪法,其主要从以下三个方面规定权力监督原则:首先,人民享有对人民代表、国家机关及其工作人员的监督权。社会主义国家的宪法一般都规定人民代表由民主选举产生,对人民负责并受人民监督,人民对国家机关及其工作人员可以提出批评、意见和建议的权利。比如我国宪法第四十一条规定，"中华人民共和国公民对于任何国家机关和国家工作人员，有提出批评和建议的权利；对于任何国家机关和国家工作人员的违法失职行为，有向有关国家机关提出申诉、控告或者检举的权利"。其次，人民代表机关对其他国家机关的监督。比如1977年苏联宪法第二条规定，"其他一切国家机关受人民代表苏维埃的监督并向人民代表苏维埃报告工作"。最后，宪法为了保障法律得到良好的实施，一般规定行政机关和司法机关在本系统内部实行监督和制约。如我国宪法第一百二十七条规定："最高人民法院是最高审判机关。最高人民法院监督地方各级人民法院和专门人民法院的审判工作，上级人民法院监督下级人民法院的审判工作。"宪法第一百三十五条规定："人民法院、人民检察院和公安机关办理刑事案件，应当分工负责，互相配合，互相制约，以保证准确有效地执行法律。"

（五）政党主治原则

政党主治，是指政党在政治上以及在宪法、法律中获得既定的领导地位，党对国家权力架构可以产生决定性、支配性影响，且政党成为建立和运用民主的主要力量。我国社会主义民主政治建设的目标是要实现党的领导、人民当家做主和依法治国的有机统一，中国共产党作为执政党在国家和社会生活中的领导地位是有宪法和法律保证的，人民民主必须坚持、接受和服从党的领导。政党主治之所以成为我国宪法基本原则，深深植根于中国的历史与现实基础之上。中国共产党的领导地位，是近百年来历史的选择、人民同意的结果，具有实质合法性。它的合法性在于领导人民长期浴血奋战建立了新中国，实现了民族独立；改革开放之后继续领导国家经济建设，并取得了举世瞩目的成绩，更强化了它的执政地位，进一步提高了社会认同度。同时，一个落后的国家实行社会变革、推进现代化进程中，需要相对稳定的社会环境，执政党通过控制国家中枢可以对社会力量和社会关系进行强有力的干预和调节，以维护国家的统一、民族的团结与政治、经济、社会的稳定，从而为实现现代化创造有利条件。

20世纪80年代中国改革开放初期，中国的落后、停滞和现代化的"共时性"，要求集中尽可能多的政治资源以实现"超常规"发展。但是，在社会发展力量被长期弱化的情势下，寄希望中国社会内部短期内聚集一股自发的变革力量,逐渐、从容地推进现代化进程几乎没有可能。于是,合理利用强势的执政党政治资源,以外力擎动社会转型成为当然之理。

政党主治原则,要求构建一套完善的政党制度。我国现行宪法关于政党制度的安排主要体现在序言、总纲第五条之中。宪法序言第七自然段规定,"中国各族人民将继续在中国共产党领导下",这确认了中国共产党的领导权;序言第十自然段规定,"……已经结成由中国共产党领导的,有各民主党派和各人民团体参加的,包括全体社会主义劳动者、社会主义事业的建设者、拥护社会主义的爱国者和拥护祖国统一的爱国者的广泛的爱国统一战线……中国共产党领导的多党合作和政治协商制度将长期存在和发展",这确认了中国人民政治协商会议作为统一战线和多党合作重要载体的政治法律地位;序言最后一自然段规定,"全国各族人民、一切国家机关和武装力量、各政党和社会团体、各企业事业组织,都必须以宪法为根本活动准则,并且负有维护宪法尊严、保证宪法实施的职责",第五条规定,"……各政党……都必须遵守宪法和法律。一切违反宪法和法律的行为,必须予以追究",这确认了中国各政党在中国法制总体框架中的位置和职责。上述宪法安排,基本确立了中国政党活动的法律框架,为政党活动的有序化、法制化奠定了重要基础。但其自身也存在一定的缺陷,比如宪法序言的效力不足问题,以及缺乏专门政党立法而使这些规定缺乏可操作性等等。为此,如何实现政党主治的法治化,也成为理论界和实务界关注的问题。

第二章　国家的基本制度

　　我国宪法在文本结构上的一个显著的特点就是在宪法总纲中规定了国家的基本制度。这些基本制度主要包括政治、经济、文化、社会、军事等方面,关系到国家性质、发展方向与建设目标,可以说是对中国是个什么样的国家、采用什么样的方式进行治理、最终将要达至一种什么目标的宪法宣示。

第一节　国家的重要政治制度

一、社会主义制度

　　我国宪法第一条规定:"中华人民共和国是工人阶级领导的、以工农联盟为基础的人民民主专政的社会主义国家。社会主义制度是中华人民共和国国体意义上的根本制度。禁止任何组织或者个人破坏社会主义制度。"这一条确立了社会主义制度作为我国根本政治制度的宪法地位,规定了国家的性质。社会主义制度,既包括社会主义政治制度、社会主义经济制度、社会主义文化制度,也包括社会主义社会管理体制。中国特色社会主义制度的核心是人民民主专政。因此,要搞清楚什么是社会主义制度,就必须搞清楚什么是人民民主专政,厘清人民民主专政与依法治国人权保障的关系。

　　马克思主义国家学说是遵循经济基础决定上层建筑、社会必然进步性的理论路径予以阐释的。恩格斯在《家庭、私有制和国家的起源》中指出,国家不是从来就有的,是经济社会发展到一定阶段的产物,国家是阶级矛盾、阶级斗争不可调和的产物和表现。国家是从社会冲突中产生但又自居于社会之上并且日益同社会相脱离的力量,它是占统治地位的阶级用来剥削被压迫阶级的工具,一切剥削阶级的国家都是剥削劳动人民的工具,是一个阶级对另一个阶级进行统治的工具。与其他阶段的国家专政不同,无产阶级专政是新型的国家,之所以是新型的,因为它是占统治地位的无产阶级及广大劳动人民对少数反动分子实行专政的国家。无产阶级专政会采取什么样的政体形式?马克思给出的答案,是直接民主色彩浓厚的议行合一制,以及层层分权的联邦主义。由于各国情况的差异和历史条件的不同,无产阶级专政的国家政权也可以有不同的形式:既有巴黎公社无产阶级专政组织形式的最初尝试,又有列宁总结俄国革命经验所肯定的俄国无产阶级专政最适宜的形式——苏维埃共和国,还有中国工人阶级和人民大众经过长期革命斗争建立起来的工人阶级领导的、以工农联盟为基础的人民民主专政的国家政权形式。

毛泽东指出:"人民民主专政的国家在人民内部实行民主,对人民的敌人实行专政,这两个方面是分不开的,把这两方面结合起来,就是人民民主专政。"人民民主专政的要义为:第一,坚持以工人阶级为领导阶级,以工人阶级的先锋队中国共产党为领导核心;第二,坚持以马克思主义、中国化的马克思主义作为人民民主专政的理论基础和思想指南;第三,坚持以工人阶级和农民阶级联盟为最主要的基础;第四,以一切热爱祖国、热爱社会主义事业的社会主义建设者为最广泛的联盟;第五,对少数敌人实行专政,对大多数人民群众实行最广泛的人民民主;第六,通过社会主义法治实施民主与专政。我国现行宪法序言中,将人民的范围界定为,"包括全体社会主义劳动者、社会主义事业的建设者、拥护社会主义的爱国者和拥护祖国统一的爱国者的广泛的爱国统一战线",专政对象则是那些危害国家安全和严重破坏社会秩序的犯罪分子。刑法第五十六条规定:"对于危害国家安全的犯罪分子应当附加剥夺政治权利;对于故意杀人、强奸、放火、爆炸、投毒、抢劫与严重破坏社会秩序的犯罪分子,可以附加剥夺政治权利。独立适用剥夺政治权利的,依照本法分则的规定。"这些对象都是专政的对象。邓小平在《坚持四项基本原则》一文中指出:"对于这一切反社会主义的分子仍然必须实行专政。不对他们专政,就不可能有社会主义民主。"

列宁曾指出:"法律就是取得胜利、掌握国家政权的阶级的意志的表现"[1],"无产阶级的革命专政是由无产阶级对资产阶级采用暴力手段获得和

---

[1] 《列宁全集》第13卷,人民出版社1959年版,第304页。

维持的政权,是不受任何法律约束的政权"。① 这种观念一度成为我国无产阶级专政即人民民主专政的指导思想。随着我国社会主义三大改造的完成,旧有的剥削阶级和统治阶级已被消灭,其旧的生产关系和所有制已被新的社会关系所代替,我们宪法中规定的人民民主专政还能像列宁所说的那样不受任何法律约束吗? 答案是否定的。新中国成立以来正反两方面的历史经验告诉我们,以暴风骤雨式的群众运动去解决社会中存在的矛盾,不但无法解决社会矛盾,反而会扩大社会矛盾。正是在这种背景下,宪法确立了"依法治国"与"法律面前人人平等"的基本原则。中共十八届四中全会通过的《中共中央关于全面推进依法治国若干重大问题的决定》中指出:"我们党深刻总结我国社会主义法治建设的成功经验和深刻教训,提出为了保障人民民主,必须加强法治,必须使民主制度化、法律化,把依法治国确定为党领导人民治理国家的基本方略,把依法执政确定为党治国理政的基本方式,积极建设社会主义法治,取得历史性成就。"这就确定了人民民主专政也必须是在法律范围内的专政。

有学者指出,"专政"一词原意指无限的权力,是拉丁文 dictature 的意译,原为古罗马最高执政官的称谓,并用以特指拥有至高无上绝对权力的统治者和统治方式。在西方,专政通常与独裁、专制混用,指高度集权的个人统治或党派统治,认为专政的统治形态与民主政治、与分权体制是互相对立的。

我们并不接受西方学者对"专政"这样的界定。但是,我们的人民民主专政也绝不是不受任何法律的约束。即使是对那些危害国家安全和严重破坏社会秩序的犯罪分子,我们在追究他们的刑事责任的时候,也必须遵循罪刑法定主义的原则,赋予他们以公民权,依法保障他们作为犯罪嫌疑人或者犯罪人的基本人权以及程序性的权利,比如辩护权、聘请律师的权利等等。因此,坚持和发展人民民主专政,应在依法治国的前提下,积极发展社会主义民主政治,淡化国家"专政"中直接对抗的色彩。

二、人民代表大会制度

以工农联盟为基础的人民民主专政的社会主义国家,是我国的根本制度,确立了国体。但是,任何国体,都必须有一定的承载形式。在我国,人民代表

---

① 《列宁选集》第 3 卷,人民出版社 2012 年版,第 594 页。

大会制度作为我国根本政治制度,是实现我国国体的政权组织形式。现行宪法第二条规定:"中华人民共和国的一切权力属于人民。人民行使国家权力的机关是全国人民代表大会和地方各级人民代表大会。人民依照法律规定,通过各种途径和形式,管理国家事务,管理经济和文化事业,管理社会事务。"宪法在第三章又具体规定了全国人民代表大会制度及各级地方人民代表大会制度。首先,国家一切权力属于人民,人民行使国家权力的机关是全国人民代表大会和地方各级人民代表大会,全国人民代表大会和地方各级人民代表大会都由民主选举产生,对人民负责,受人民监督。人民代表大会这种最广泛的民主形式、民主制度,便于人民群众行使自己的权力,并通过这样的政治组织参加国家的管理,最大限度地发挥积极性和创造性,从而使国家权力始终掌握在人民手中,保证国家长治久安。这决定了人民代表大会制度在我国民主政治中根本政治制度的地位。其次,国家行政机关、检察机关、军事机关,由人民代表大会及其常委会选举或决定产生,对其负责,向其作报告,并受其监督,具体选举或决定的办法散见于宪法、组织法等法律规范中,这决定人民代表大会作为国家权力机关的政治地位,其中全国人民代表大会是中央最高国家权力机关。最后,人民代表大会及其常委会,拥有广泛的职权,这其中既有宪法第六十二条、第六十七条、第九十九条的宪法授权,又有《全国人民代表大会组织法》以及《中华人民共和国地方各级人民代表大会和地方各级人民政府组织法》的具体授权。从上述介绍中可知,现行的人民代表大会制度遵循民主集中制的原则,有别于西方三权分立式议会制度,是一种议行合一制度。这种议行合一的政权设计形式,最早见于巴黎公社时期,关于这种体制,马克思曾详细说道:"公社是由巴黎各区普选选出的城市代表组成的。这些代表对选民负责,随时可以撤换。其中大多数自然都是工人,或者是公认的工人阶级的代表。公社不应当是议会式的,而应当是同时兼管行政和立法的工作机关。一向作为中央政府的工具的警察,立刻失去了一切政治职能,而变为公社的随时可以撤换的负责机关。其他各行政部门的官吏也是一样。从公社委员起,自上而下一切公职人员,都应当只领取相当于工人工资的薪金。国家高级官吏所享有的一切特权以及支付给他们的办公费,都随着这些官吏的消失而消失了。社会公职已不再是中央政府走卒们的私有物。不仅城市的管理,而且连先前属于国家的全部创议权都已转归公社。"马克思之所以强调议行合一,是鉴于小拿破仑时期行政权对于立法权的侵犯,要求立法权对行政权保持严格的控制,而未必是要求议会直接处理所有的行政事务。

从第一届全国人民代表大会成立至今,人民代表大会制度已走过一个甲子之年。人民代表大会制度作为我国根本政治制度,六十年的实践充分证明,人民代表大会制度是符合中国国情和实际、体现社会主义国家性质、保证人民当家做主、保障实现中华民族伟大复兴的好制度。邓小平指出:"我们实行的就是全国人民代表大会一院制,这最符合中国实际。如果政策正确,方向正确,这种体制益处大,很有助于国家的兴旺发达,避免很多牵扯。"站在新的历史起点,我们今后要从以下几个方面进一步发挥人民代表大会制度的积极作用:首先,必须加强和改进立法工作,提高立法质量,坚持科学立法、民主立法,完善立法体制和程序,努力使每一项立法都符合宪法精神、反映人民意愿、得到人民拥护,充分发挥人民代表大会在我国社会主义法治国家建设中"活水源头"的作用;其次,必须加强和改进法律实施工作,法律的生命在于实施,法律的权威在于实施,人民代表大会及其常委会制定的法律,必须要保障落到实处;最后,必须加强和改进监督工作,各级人大及其常委会要担负起宪法法律赋予的监督职责,维护国家法制统一、尊严、权威,加强对"一府两院"执法、司法工作的监督,确保法律法规得到有效实施,确保行政权、审判权、检察权得到正确行使。地方人大及其常委会要依法保证宪法法律、行政法规和上级人大及其常委会决议在本行政区域内得到遵守和执行。

三、中央与地方关系

现行宪法第三条规定:"中央和地方的国家机构职权的划分,遵循在中央的统一领导下,充分发挥地方的主动性、积极性的原则。"按照这一民主集中制原则构建的中央与地方的关系下,目前我国共设有中央政府、省级政府、市县级政府、乡级政府四个层级,地方政府中又有特别行政区、民族自治区的设置。宪法第三十条规定:"中华人民共和国的行政区域划分如下:(一)全国分为省、自治区、直辖市;(二)省、自治区分为自治州、县、自治县、市;(三)县、自治县分为乡、民族乡、镇。直辖市和较大的市分为区、县。自治州分为县、自治县、市。自治区、自治州、自治县都是民族自治地方。"第四条、第三十一条分别规定了民族区域自治制度与特别行政区制度。

在中国,中央和地方之间自古以来就不断演绎着错综复杂的博弈。毛泽东在其著名的《论十大关系》一文中就指出:"处理好中央和地方关系,这对于我们这样的大国大党是一个十分重要的问题。"时至今日,中央与地方关系问题也依然是我们所必须直面和迫切需要调适和解决的问题。对有关中央与地方关系的宪法法条粗略地统计,除了上述列举外还有第二条、第五条、第九条、第十条、第六十二条、第六十七条、第八十九条等近十条之多。现行宪法关于中央与地方关系权力划分的总体原则体现在第三条的规定中,即:"中央和地方国家机构职权的划分,遵循在中央的统一领导下,充分发挥地方的主动性、积极性的原则。"这种被通常简称为"要发挥两个积极性"的原则,虽能较好地处理中央与地方的关系,但也给我国中央与地方关系的政治、法治实践留下太多的模糊空间,也催生了诸多的难题。按照宪法第三条的文义解释,这种在国家权力层面的中央与地方之间的划分,必须优先保证中央的统一领导,这也是单一制国家结构形式的规律性要求。但过去关于"中央统一领导"的语义传统上去理解似乎是无边无际的,某种程度沿袭了"普天之下,莫非王土,率土之滨,莫非王臣"的传统思维。中央对地方采行根据自己的需要"收放自如"的办法,在缺少法治化的规范下,容易导致出现"一放就乱,一收即死"的局面。① 而地方政府由于缺少必要的自治权限,要发挥积极性,往往容易突破法律规范,游走在违法的边缘,即使探索出来比较好的制度,其他地方也难于借鉴和复制。

由于我国宪法实践中宪法文本与政权实际运行长期存在隔膜,宪法文本的实效虽然愈来愈受到重视和强调,但宪法的实效依然还不尽如人意。加之宪法文本中关于中央与地方关系规定较为原则而缺少可操作性或者语焉不详而缺少明确性,我国中央与地方关系的处理实际上遵循的是"摸着石头过河"、"宜粗不宜细"的理论,是实践理性的产物。中央与地方的权力关系多由中央政策调整,再由法律加以确定,中央的政策变更之后,法律制度再加以变更,没有固定的程序和标准,多数是权宜的选择或者是应对现实问题的权宜之计,并形成了路径依赖。我国很多制度性的创新,一般都遵循地方先实验,然

---

① 参见郑永年:《中国的"行为联邦制"——中央与地方关系的变革与动力》序言,邱道隆译,东方出版社 2013 年版。

后中央在总结经验教训后再在全国推广,农村家庭联产承包责任制如此,改革开放的市场经济制度更是如此。我国现在采用的解决中央与地方关系的手段不外两种,一种为宪法与法律制度框架内的解决方式,比如在宪法与组织法中规定中央国家机关与地方国家机关职能与权力,这也是今后解决中央与地方关系问题的主要途径;另一种为宪法与法律框架外的解决方式,比如中央倡导的分税制改革与农村税费改革对中央与地方关系产生了重要的影响;还比如控制地方的人事任免,在人为大型灾难事故发生后对行政官员就地免职,或者为解决某个地方的突出问题采用"空降部队"的方式直接接管地方事务,或者针对特别事件中央组织调查小组,或者把一些部门或者国家机构进行垂直管理等等。这是新中国成立以来采用的最多最主要的解决途径,这些控制手段的采用一方面反映了中央为群众利益办事的决心和急迫心情,另一方面也反映了中央的政令不畅、宏观调控难以达到预期目的的窘迫。但是反观其实际效果,往往只能解一时之痛,难以有长久的效果,并使中央与地方关系趋于紧张。

我们认为,在现行宪法框架内,利用现有的制度资源,至少在以下几个方面协调中央与地方的关系:①

首先是法治手段。增强立法的科学性并充分行使全国人大常委会宪法解释职权,增强全国人大常委会对规范性文件合宪性与合法性审查的可操作性,保障法制的统一;充分利用现有的司法体制,通过司法手段对中央与地方关系中各种违法违规现象进行控制,尤其是行政诉讼与刑事审判,而不是优先采用政治手段解决,这样更具有公信力和警示效果,并易于被各方所接受。

其次是民主手段。国家权力行使的目的是为了保障公民权利,中央与地方关系的处理也要以保障公民权利为出发点。事实上在现实生活中,作为国家权力载体的国家机构也有其自身的利益,如部门利益、地方利益,这使得在处理中央与地方的关系时,其参照往往有两个方面,一方面是老百姓的利益,另一方面是国家机构自身的利益,如果公民在这些事项上没有决定权,其权利很可能被忽视或者牺牲。而在重大问题的决策上扩大公众参与、保障基层民

---

① 参见秦前红:《简评宪法文本中关于中央与地方关系的制度安排》,《河南省政法干部管理学院学报》2009 年第 6 期。

主并在条件适合的情形下逐步扩大基层民主是公民自己决定自己的事务,保障自身利益的最直接方式。

最后是努力实现信息沟通途径的畅通。自计算机及网络技术发明以来,人类就已经走入了信息时代,信息已成为决策正确与否的决定性因素。但是在中央与地方关系中信息不对称问题却是一大障碍。在国家机构体系内部,由于各方面主客观原因,使得中央不能得到地方的真实信息,中央的政策法令经过各级地方的层层转述可能失去了原有的意义。虽说"群众的眼睛是雪亮的",但传统的依靠信访制度等体察民情民意个案主义的途径在发挥其巨大作用的同时已暴露了其固有的缺陷。一方面是涉法信访案件导致的司法资源浪费与越权处理的风险,另一方面是从巨额的民怨民怒中挑选事实的巨大成本。因此我们必须诉诸成本更小的沟通方式,比如扩大媒体的自由,使公众能够发表自己意见,通过信息公开制度等使民众能够了解法律法规具体执行情况及国家的各项政策。

四、法治国家

现行宪法第五条规定:"中华人民共和国实行依法治国,建设社会主义法治国家。国家维护社会主义法制的统一和尊严。一切法律、行政法规和地方性法规都不得同宪法相抵触。一切国家机关和武装力量、各政党和各社会团体、各企业事业组织都必须遵守宪法和法律。一切违反宪法和法律的行为,必须予以追究。任何组织或者个人都不得有超越宪法和法律的特权。"依法治国原则已成为党和人民治理国家的基本方略,成为推进国家治理体系和治理能力现代化的重要路径。2014年中共十八届四中全会通过的《中共中央关于全面推进依法治国若干重大问题的决定》,全面分析了法治国家建设的成败得失,并站在新的历史起点上对全面推进依法治国原则作出重大部署。按照决定的要求,从立法、行政、司法的角度,我们首先必须完善以宪法为核心的中国特色社会主义法律体系,坚持立法工作的科学性、民主性;其次,必须坚持依法行政,加快建设法治政府,提高政府的执政能力和执政水平;最后,必须保证公正司法,提高司法公信力。

由于各种历史原因和现实问题,我国司法体制尚有很多不足之处,司法权威不彰显,司法地方化、行政化倾向严重,司法公正有待提高,"同案不同判"

现象也较多等等。如何让每一个公民在个案中感受到社会公平正义,是摆在我国司法体制改革、全面推进依法治国原则面前的一道难题。中共十八届三中全会通过的《中共中央关于全面深化改革若干重大问题的决定》,中共十八届四中全会通过的《中共中央关于全面推进依法治国若干重大问题的决定》,以及最高人民法院通过的《人民法院第四个五年改革纲要(2014—2018)》,对我国新阶段的司法体制改革做出了全面部署,未来考虑的是如何将这些重要文件具体落到实处。我们从这些文件中,总结提炼出某些针对性的改革措施,以期能较好地完善现有的司法机制。

第一,扩大法官、检察官的选任渠道。"法律的生命不在于逻辑,而在于经验。"招录优秀律师和具有法律职业资格的法学学者等法律职业人才进入法官、检察官队伍,实行有别于普通公务员的招录办法,为建立法律共同体搭建制度平台。

第二,改革现有审判制度,实现"三化",即去官僚化、去行政化、去政治化。首先,去官僚化,完善人民陪审员制度,扩大司法公开等。其次,去行政化,一方面,在上下级法院之间,废除案件请示制度,或者改革案件请示制度,即下级法院向上级法院请示时,只能请示普遍情况,把个案的法理提炼成一个普遍意义上的法律问题来请示,不能就具体个案来请示;改革发回重审和提级管辖制度,规范上下级法院审级监督关系。另一方面,在法院内部,改革司法管理制度,逐步缩小审委会审理案件的范围及数量;调整合议庭与院长、庭长的关系,防止院庭长利用行政管理权干涉个案审判;改革绩效考评制度,提高公正价值等综合因素在考评中的比重,促进案件的公正裁决。最后,去政治化,司法改革中淡化政治口号、意识形态,回归司法文明、司法规律、司法价值本身。

第三,增强司法独立性,提高司法透明度,妥善处理好司法独立与舆论监督的关系。首先,完善回避制度,排除关系、人情、金钱等干扰法官依法独立裁判的问题上,将建立更加严密的隔离带。其次,完善审判公开制度,将立案阶段的相关信息向当事人公开;完善庭审旁听制度,公开重大案件审判情况;在审判文书中公开诉讼过程和程序,充分表述当事人各方的诉辩意见。最后,实行司法责任制,法官检察官所办案件终身负责。明确法官、检察官责任,谁出问题谁负责,法官、检察官对所办案件实行终身负责,严格错案责任追究。

第四,建立健全案例指导制度,规范法官自由裁量权。应建立健全案例指导制度,力求司法统一。可以从制度的法律定位、指导性案例的效力、产生、内容形式、具体适用及废止等方面进行,每年最高院都会公布各领域的指导性案例,有助于指导法官审判工作,减少"同案不同判"的现象。

第五,合理配置司法资源,完善司法人员分类管理制度。司法人员应实行分类管理,把法院、检察院工作人员分为法官、检察官,司法辅助人员,司法行政人员,对法官、检察官实行有别于普通公务员的管理制度。试点地方可探索延迟优秀法官、检察官的退休年龄,下一步还将考虑适当提高初任法官、检察官的任职年龄。推广"法官助理"职位的设置。"法官助理"们将主要负责在法官指导下审查诉讼材料、组织庭前证据交换、接待诉讼参与人、准备与案件审理相关的参考资料、协助法官调查取证、保全执行、进行调解、草拟法律文书、完成法官交办的其他审判辅助性工作,以及与审判相关的调研、督查、考核、宣传等工作。法官助理协助法官完成审判事务性工作,既有利于提升自身的经验和司法专业水平,又将法官从繁重的审判事务工作中解放出来,使法官能够更加专注于案件的审理、裁判,有利于进一步提升司法审判工作的质量与效率。

第二节 国家的基本经济制度

在横跨两个世纪的六十多年间,中国经济制度经历了由半殖民地半封建经济到社会主义计划经济再到社会主义市场经济的演变。宪法作为国家政治经济的总框架,必然呈现经济制度的变化内容与规律。

过去的三十多年,对于宪法中国家权力和公民权利特别是政治社会权利的关注和研究大量涌现,但是,关于宪法框架下的经济制度和经济规范内容较少有学者在宪法视角下展开研究。应该注意到,经济制度是我国宪法中的重要组成部分。从1982年起,我国四次宪法修改中都涉及到经济制度内容,从已有的共三十一条宪法修正条款来看,有十五条直接是经济制度内容的修改。这些条款的内容主要是关于土地使用权的依法转让、国有资产的所有权和使用权的分离、农村经济体制的改革、市场经济体制的确立、社会主义初级阶段基本经济制度和分配制度、个体经济和私营经济等非公有制经济的法律地位、土地征收征用制度、社会保障制度等。不难看出，现行宪法经历四次修改后，更加符合经济体制改革的实际需求，改革的成果和经验获得宪法的确认和保障。

一、基本经济制度的范围和内容

根据马克思主义的经济理论，经济制度多定义为"社会发展到一定阶段的各种生产关系的总和，包括人与人、人与物之间所产生的各种社会关系"，[①] 因此，宪法学上所说的经济制度是指国家确认并保护的一定社会的基本经济关系，包括生产资料所有制结构和由此决定的分配原则以及人与人之间在经济活动中的关系。[②]

我国宪法所规定的社会主义市场经济制度是 20 世纪七八十年代中国改革开放后逐渐发展起来的。宪法经济制度规范的所涉及的内容一般主要包括三个方面：一是经济体制，即国家的经济管理体制，包括国家管理经济的职权、制度、原则和政策等；二是财产权制度，即不同所有制的财产权在宪法上的地位和规范形式；三是分配制度，包括按劳分配或按资分配等初次分配制度，以及财政、税收、社会保障等再分配制度。

根据现行宪法，我国社会主义经济制度的基本内容主要表现在四个方面：在所有制方面，各种不同的所有制混合或并存；在分配制度方面，多种分配形式的混合或并存；在调节手段方面，国家干预和市场调节等多种手段混合或并存；在财产权方面，宪法融洽了国家公共财产和公民私有财产的边界，增强对私有财产权的宪法保障。

（一）经济体制

宪法中的经济体制主要呈现为两种：即计划经济体制和市场经济体制，也有介于计划和市场经济体制之间的经济体制，例如混合经济体制等。在 1949—1982 年之间，我国的经济体制是社会主义计划经济。改革开放后，计划经济已不再适应我国社会主义建设的发展，我国现行宪法中关于国家经济

---

① 桂宇石主编：《中国宪法经济制度》，武汉大学出版社 2005 年版，第 2 页。
② 参见杨思留：《试论经济制度的宪法属性——兼议我国宪法中经济制度的完善》，《学海》2005 年第 1 期，第 113 页。

体制的定位是社会主义市场经济体制。宪法第十五条规定:"国家实行社会主义市场经济。国家加强经济立法,完善宏观调控。"即国家在实行社会主义市场经济的前提下,通过法律手段,进行必要的宏观调控。

(二)分配制度

分配制度主要包括按劳分配和按资分配,是经济体制的衍生概念。世界上很多国家对于分配制度并无做出宪法规定,而是默认在市场经济体制下的由市场自发调整的要素分配。我国现行宪法第六条第一款规定:"中华人民共和国的社会主义经济制度的基础是生产资料的社会主义公有制,即全民所有制和劳动群众集体所有制。社会主义公有制消灭人剥削人的制度,实行各尽所能、按劳分配的原则。"可以说,按劳分配是宪法关于我国分配制度的原则性规定,也是体现我国社会主义国家性质的经济分配制度。但是按劳分配并非一定能够促进经济效率,而在市场经济条件下,分配制度也应由市场来决定。因此,在宪法第六条第二款又规定:"国家在社会主义初级阶段,坚持公有制为主体、多种所有制经济共同发展的基本经济制度,坚持按劳分配为主体、多种分配方式并存的分配制度。"

(三)财产权制度

我国宪法对于财产权制度的确立和保障,经历了比较漫长的曲折过程,财产权在相当长的时期内得不到宪法的承认和有效保障。出于对社会主义制度认识的偏差,在相当长一段时期内,我国曾经试图消灭私有制,但是这种努力最终没有获得成功。私人财产权一度被认为是社会主义制度下的洪水猛兽,但是随着我国经济的快速发展,人们的可支配财产越来越多,对私有财产权的保障也就显得越来越迫切。在 2004 年通过的宪法修正案第二十二条,将宪法第十三条修改为:"公民的合法的私有财产不受侵犯。国家依照法律规定保护公民的私有财产权和继承权。国家为了公共利益的需要,可以依照法律规定对公民的私有财产实行征收或者征用并给予补偿。"可以说,这条修正,完善了我国的财产权制度,也是中国现代经济制度转变的重要标志。

财产权制度最终得到宪法的重视和保障,缘于财产权本身对国家的经济、政治和社会功能。保障财产权不但是保障公民自由和宪法基本权利的根本,还是国家经济体制得以有效运转的动力,社会良性管治和政治文明的前提。

二、宪法的经济功能

作为一种现代社会的重要法律制度,宪法的经济功能主要体现在五个方面:第一,确立市场经济发展所必不可少的经济自由体系,如契约自由、身份平等,从而为实现市场经济的自由竞争提供基本条件。第二,通过规制政府经济权力滥用,限制政府的干预市场行为,从而提高经济运行效率,保障经济秩序正常运行。第三,通过对政治行为和法律行为的引导与规范,在合理运作基础上,形成具有稳定性、一致性和灵活性相统一的宪治状态,从而使人们在宪治的前提下实现目标合理的社会行动,达成自身的利益,降低经济成本。第四,在保持一定稳定性的同时,通过修改宪法文本或以宪法判例、宪法惯例等形式,宪法体现出高度的灵活性与宽容性,并以此来适应新情况和变化的社会潮流,迎合经济制度变迁要求,确认制度变迁成果,推动经济改革向前发展。第五,宪法对人权的尊重和维护,也可以提高个人潜能,增强大众对国家的责任感,培养奋发向上的社会氛围,从而为经济发展奠定积极的人文环境和向上的社会动力。

总之,在经济的发展过程中,宪法作为规范机制中的"看得见的手"与"看不见的手"的规律机制是相辅相成、缺一不可的,二者必须结合在一起。总体来看,宪法经济功能的作用方式主要有两种:一是宪法文本的直接规范。即直接在宪法条文中确立一个国家现行的经济制度的合宪性。第二次世界大战后,不论是资本主义国家,还是社会主义国家,或者是民族民主国家,通过宪法来确立完整的经济制度和经济原则已经成为世界各国立宪过程中自觉遵循的一种做法。比如,俄罗斯在20世纪90年代发生经济政治制度转型以后,为了保障转型成果,俄罗斯一改苏联时期的土地公有制制度,在宪法中规定了土地私有制。二是宪法经济原则的间接规范。即根据宪法中的经济制度和经济原则规范,通过各个具体的部门法,采取不同的法律手段来进一步保障和落实宪法中相关规定的实现。因为,任何一个国家的宪法都只能对经济制度的基本原则以及公民的基本经济权利、国民经济体制、产权制度、分配制度等最核心的内容予以原则性的规定,对其他的重要经济制度,则必须由其他的法律法规按照基本原则来确定,保障国家的经济制度,促进国家经济健康协调地发展。

三、宪法中的具体经济制度

（一）财产权

宪法上的财产权主要是指宪法对财产的占有、使用、收益和处分等权能的宪法确认和保障制度。① 我国现行宪法对财产权按照所有制的不同主要划分为两大部分：公有财产和私有财产。宪法第十二、十三条分别规定了"社会主义的公共财产神圣不可侵犯"、"公民的合法的私有财产不受侵犯"，同时在第十三条第三款规定了对私有财产权的限制，即"国家为了公共利益的需要，可以依照法律规定对公民的私有财产实行征收或者征用并给予补偿"。

首先，对于公有财产权所指向的财产权范围，我国现行宪法规定了国家所有制和集体所有制两种所有制形式，并将其定位为"社会主义经济制度的基础"。关于公有财产或说公共财产的范围，我国宪法将其界定为：社会主义全民所有制经济和社会主义劳动群众集体所有制经济，矿藏、水流、森林、山岭、草原、荒地、滩涂等自然资源，以及属于国家或集体所有的土地等（参见宪法第六、九、十条）。根据宪法的界定，我国刑法和物权法又分别根据调整对象的不同作了进一步界定。

根据刑法第九十一条规定："本法所称公共财产，是指下列财产：（一）国有财产；（二）劳动群众集体所有的财产；（三）用于扶贫和其他公益事业的社会捐助或者专项基金的财产。在国家机关、国有公司、企业、集体企业和人民团体管理、使用或者运输中的私人财产，以公共财产论。"

根据物权法第五章有关国家所有权和集体所有权的相关规定，属于国家所有的公共财产包括：法律规定属于全民所有的财产；矿藏、水流、海域；城市的土地；属于国家所有的森林、山岭、草原、荒地、滩涂等自然资源；法律规定属于国家所有的野生动植物资源；无线电频谱资源；法律规定属于国家所有的文物；国防资产；属于国家所有的铁路、公路、电力设施、电信设施和油气管道等基础设施；以及其他归国家或国家举办的事业单位所支配的动产和不动产等。属于集体所有的公共财产包括：法律规定属于集体所有的土地和森林、山岭、草原、荒地、滩涂；集体所有的建筑物、生产设施、农田水利设施；集体所有的教育、科学、文化、卫生、体育等设施；集体所有的其他不动产和动产；除此之外，

---

① 参见秦前红主编：《新宪法学》，武汉大学出版社 2009 年版，第 151 页。

法律还规定农民集体所有的不动产和动产,属于本集体成员集体所有。

其次,对于私有财产权所指向的财产范围,从我国宪法的规定来看,包括在法律规定范围内的个体经济、私营经济等非公有制经济中的私法人财产,以及除私法人财产以外公民个人私有财产(参见宪法第十一、十三条)。根据宪法的界定,我国刑法和物权法也对其作了进一步界定。

根据刑法第九十二条规定:"本法所称公民私人所有的财产,是指下列财产:(一)公民的合法收入、储蓄、房屋和其他生活资料;(二)依法归个人、家庭所有的生产资料;(三)个体户和私营企业的合法财产;(四)依法归个人所有的股份、股票、债券和其他财产。"根据物权法第五章有关私人所有权的相关规定,属于私人所有的财产范围包括"合法的收入、房屋、生活用品、生产工具、原材料等不动产和动产"、"私人合法的储蓄、投资及其收益"(物权法第六十四、六十五条)。

我国现行宪法第十二条规定:"社会主义的公共财产神圣不可侵犯。国家保护社会主义的公共财产。禁止任何组织或者个人用任何手段侵占或者破坏国家的和集体的财产。"私有财产权是对私法人和自然人所有的财产所享有的财产权,宪法第十三条规定:"国家依照法律规定保护公民的私有财产权和继承权。"

综上所述,从我国宪法的规定开始,目前我国法律是将财产权划分为公有财产权和私有财产权两种财产权形态,而从实践的角度来看,我国也根据不同的财产权类型设立了不同的财产权制度。

(二)土地制度

从1954年宪法开始,我国宪法一直只承认土地的国家所有权和集体所有权,至今也不承认土地的私人所有权。尽管如此,土地财产权在实践中的运用却经历了巨大的变化。改革开放以前,我国实行的是与计划经济体制相应的土地的无偿划拨制度和征用制度。实践证明,这是一种极为低效的土地财产权利用制度,它忽略了土地作为一种自然资源的市场要素禀质,以至于阻碍了我国土地市场的发育,导致资源利用长期处于无效率状态,并造成了对土地资源的浪费和破坏。之后的土地制度改革中,实现了土地使用权与所有权的分离,实际上是将土地的价值进行市场化,使土地进入到了流通领域,成为市场可以配置的重要资产。同时为了保护土地使用人的利益,2004年通过的宪法修正案中对土地的征收补偿制度作出了规定,将宪法第十条第三款"国家为了公共利益的需要,可以依照法律规定对土地实行征用"修改为:"国家为了公共利益的需要,可以依照法律规定对土地实行征收或者征用并给予补偿。"这一修改有利于解决此前土地征收征用过程中所存在的纠纷,有利于更好地发挥土地利用效益。

为了更好地推动农村经济发展,促进农业生产效率的提高,经过了一段时间探索,2008 年中共十七届三中全会审议通过了《中共中央关于推进农村改革发展若干重大问题的决定》。决定在不改变土地所有权性质的基础上,对农村土地使用权流转做出了具有标志性意义的变革。决定规定,按照"依法、自愿、有偿原则,允许农民以转包、出租、互换、转让、股份合作等形式流转土地承包经营权,发展多种形式的适度规模经营"。但是,"土地承包经营权流转,不得改变土地集体所有性质,不得改变土地用途,不得损害农民土地承包权益"。这一突破性制度创新,为中国的土地财产权制度的丰富发展提出了新的方向。2014 年 11 月,中共中央办公厅、国务院办公厅印发《关于引导农村土地经营权有序流转发展农业适度规模经营的意见》,从稳定完善农村土地承包关系、规范引导农村土地(指承包耕地)经营权有序流转等方面提出意见。

(三)自然资源

我国宪法对矿藏、水流、森林、山岭、草原、荒地、滩涂等自然资源也只承认国家所有权和集体所有权两种财产权形式。但这只是宪法对国家自然资源所有权的规定,在自然资源的使用权上,我国宪法并没有作出相应规定。然而实际情况是,对于自然资源的有偿出让问题,在我国法律中有相关规定,如矿产资源法、物权法等。矿产资源法第五条就仿照土地的有偿取得制度,规定"国家实行探矿权、采矿权有偿取得的制度"。除矿产资源外,对森林、草原、荒地、滩涂等自然资源也实行了类似的有偿取得制度和有偿使用制度。再如物权法第一百一十八条规定:"国家所有或者国家所有由集体使用以及法律规定属于集体所有的自然资源,单位、个人依法可以占有、使用和收益。"第一百一十九条规定:"国家实行自然资源有偿使用制度,但法律另有规定的除外。"同时,第一百二十二和一百二十三条还规定,依法取得的海域使用权、探矿权、采矿权、取水权和使用水域、滩涂从事养殖、捕捞的权利受法律保护。

除了法律规定以外,在 2008 年召开的中共十七届三中全会上,中央明确提出,"推进农业经营体制机制创新,加快农业经营方式转变。……全面推进集体林权制度改革,扩大国有林场和重点国有林区林权制度改革试点。推进国有农场体制改革。稳定和完善草原承包经营制度"。这些政策的落实与推进,必将有效盘活自然资源使用情况,并带来中国自然资源财产权制度的再一次突破与变革。

第三节　国家的其他基本制度

宪法总纲中除了规定国家的基本政治制度和经济制度以外,还规定了教育、科学、文化、卫生、环境、军事等其他基本制度。

一、宪法关于教育、科学、文化、卫生的基本制度

现行宪法中关于教育、科学、文化、卫生的基本制度,主要分布在总纲的第十九条至第二十五条。宪法将这些关系到公民基本社会权利的制度规定在总纲中,体现了作为社会主义国家对于这些权利的高度重视。教育、科学、文化与卫生制度不仅关系到公民的生存和发展,同时也是实现社会公平的重要基础。从宪法总纲中关于教育、科学、文化、卫生的基本制度来看,这些权利具有以下几个共同的特点:

(一)普遍性

关于教育制度,宪法第十九条规定:"国家发展社会主义的教育事业,提高全国人民的科学文化水平。国家举办各种学校,普及初等义务教育,发展中等教育、职业教育和高等教育,并且发展学前教育。"关于科学制度,宪法第二十条规定:"国家发展自然科学和社会科学事业,普及科学和技术知识奖励科学研究成果和技术发明创造。"关于文化制度,宪法第二十二条规定:"国家发展为人民服务、为社会主义服务的文学艺术事业、新闻广播电视事业、出版发行事业、图书馆博物馆文化馆和其他文化事业,开展群众性的文化活动。"关于卫生制度,宪法第二十一条规定:"国家发展医疗卫生事业,发展现代医药和我国传统医药,鼓励和支持农村集体经济组织、国家企业事业组织和街道组

织举办各种医疗卫生设施,开展群众性的卫生活动,保护人民健康。"同时,鉴于体育事业和卫生事业都关系到公民的身体健康,宪法第二十一条第二款规定:"国家发展体育事业,开展群众性的体育活动,增强人民体质。"从以上这些规定中,我们不难看出国家在教育、科学、文化、卫生等社会事业上,力图使广大的人民能够普遍性地享受。虽然在宪法中规定公民享有普遍的社会权利从20世纪至今都是流行趋势,但是在中国的宪法中加入这些内容意义尤为重大。考虑到中国拥有世界人口总量的1/5,又处于社会主义初级阶段,同时各地区和城乡之间差距比较大,在这种具体而特殊的国情下,实现教育、科学、文化、卫生等社会事业的普遍性殊为不易。因此,在宪法总纲中规定这些社会权利,一方面明确了这些权利在国家建设和发展中的重要意义,另一方面也是国家对于公民社会权利普遍发展和保障的庄严承诺。

（二）义务性

宪法总纲中关于教育、科学、文化、卫生等基本制度的规定,都将"国家"作为了义务主体,即国家在这些社会事业上具有给付性的义务,需要为公民保障上述社会权利的实现。

新中国成立以来,中国共产党领导全国人民经过不懈努力,取得了举世瞩目的巨大成就,但同时也应当注意到,我国的教育、科学、文化、卫生等社会事业的发展水平还相对比较落后,国家的保障力度还需要进一步地加强。由于我国处于社会主义初级阶段,大量的社会积累主要用于投资,而在与民生关系度较高的教育、科学、文化、卫生等社会事业方面长期投入不足。虽然历年以来,在这些方面的投入呈现出逐年增长的态势,但正如我国的经济发展水平一样,这些社会权利在各个地区的发展表现出了两极分化的趋势。宪法既然明确规定了国家在教育、科学、文化、卫生等方面的义务,那么就需要通过财税、预算等制度予以保障。当前,由于这些社会事业的经费主要来源于地方政府,而地方政府的财政保障力度又相差悬殊,因此,中央政府有义务继续加大在这些社会权利上的投入,以使各地区的人民群众能够基本均等地享受到宪法规定的社会权利。

（三）多元性

宪法总纲中关于教育、科学、文化、卫生等社会事业发展的规定,不仅明确了国家的给付义务,同时也赋予了其他主体参与发展社会事业的权利。如宪法第十九条第四款规定:"国家鼓励集体经济组织、国家企业事业组织和其他社会力量依照法律规定举办各种教育事业。"实现举办社会事业的主体多元化,对于满足广大人民群众的物质文化需要具有重要意义。政府虽然在社会事业的发展上,承担着义不容辞的责任,但是由于我国的人口基数大,政府能够提供的资源是有限的,大量的社会事业需要其他主体的参与才能获得更快更好地发展,以满足人们的不同层次的需要。在我国改革开放以前,政府和国有企事业单位几乎包揽了全部的社会事业,但那种模式并没有使社会事业得以繁荣发展,反而极大地束缚了社会事业发展的空间,难以满足人们的实际需要。宪法总纲关于社会事业发展主体多元化的规定,其目的就是要调动各种社会力量举办社会事业,在社会事业的发展中引入一定的竞争机制,从而不断提高人们享受社会权利的水平。

宪法第二十三条规定:"国家培养为社会主义服务的各种专业人才,扩大知识分子的队伍,创造条件,充分发挥他们在社会主义现代化建设中的作用。"这一条是关于知识分子地位和作用的宪法规定,应该说类似的条款在世界各国的宪法中并不多见。宪法把关于知识分子的条款放在社会事业之后进行规定,似乎表明知识分子应该在教育、科学、文化、卫生等领域发挥重要作用,但是这样一个条款显然还有其他的意义。要理解现在的中国宪法,就需要了解中国的过去。新中国成立以后相当长的一段时期内,知识分子在社会中的地位由于其"阶级性"而受到质疑和贬低,遭受了很大的屈辱和迫害。改革开放以后,知识分子在社会主义现代化建设中的重要作用日益凸显,为了彻底摆脱之前出于"阶级斗争"的理论而对知识分子的歧视性政策,在宪法总纲中明确知识分子的作用和地位就十分必要。

宪法第二十五条规定了我国的人口制度,即"国家推行计划生育,使人口的增长同经济和社会发展计划相适应"。计划生育长期以来都是我国的基本国策,主要目的是控制人口的快速增长,保持合理的人口结构。中国是世界上人口最多的国家,同时也面临着耕地、水、能源等资源分布不均的情况,为了使人口的增长能够有助于国家的可持续发展,中国在宪法中加入了计划生育的规定。这一方面显示了国家推行计划生育的决心和力度,同时也使计划生育政策具有了宪法上的依据。从该条款的字面含义来看,保持人口增长同经济和社会发展计划"相适应",这其中既可以缩小人口增长规模,也可以扩大人口增长规模,只要达到"相适应"就符合宪法的规定。因此,这一条款的主要目的在于赋予国家控制人口规模的权力。公民的生育权本来是属于基本的个人权利,生育数量的多少也本应取决于公民的个人意愿,但由于我国人口基数巨大,社会保障水平不高,普遍放开生育可能会带来难以预料和逆转的结果。所以从宪法上可以这样说,生育是公民的权利;但计划生育,又是公民的义务。

二、宪法关于社会公德的基本制度

(一)社会公德的概念、特征和内容

社会公德,是道德体系的基础层次,是为社会的全体公民所公认和共同遵守的道德规范,是人们在长期的社会生活中共同形成的,用以维持公共生活、调节人与人、人与社会、人与自然之间关系的一系列准则。社会公德适用于全体社会成员,是对所有公民提出的最基本的要求。与个人道德水准的千差万别不同,社会公德是个人在融入社会时,必须遵守的道德准则,只是社会公德仍属于道德的范畴,并没有上升到法律强制性的高度。

社会公德有以下几个特征:第一,共同性。即社会公德是全社会都要遵循的社会生活行为准则。人们生活在同一个社会中就要遵循统一的社会公德。应该明确,那些反映了人类维护公共生活秩序要求的公共生活准则并不具备明显的阶级性,例如,不论是哪个阶级哪个阶层的人,到了公园就是游客,到了商店就是顾客,登录互联网就是网民,都要遵守这些公共场合的规定,而使他们能够自觉遵守规定的那种无形的力量就是社会公德。第二,群众性。这一个特点主要体现在它是公共利益的反映而不是个人意志的体现;体现在它不仅是全社会的成员必需的,而且是他们需要共同遵守的。加强社会公德建设,人人有责,我们每个人都应该自觉遵守它,以促进社会风气的好转。第三,稳定性和继承性。每个时代的社会公德均是在沿袭前代的基础上去其糟粕,取其精华,一旦形成它便具有相对的稳定性。

社会公德具有三个方面的内容:人与人之间的关系,如礼貌待人、尊老爱幼、救死扶伤等;人与社会的关系,如爱护公物、遵守公共规则等;人与自然的关系,如不要随地吐痰、保护环境卫生等。需要注意的是,社会公德的内容是随着社会经济、大众观念、文化水平等因素的变化而不断发展的,在不同的历史时期,社会公德的内容会有所不同。另外,由于各个国家的情况都各不一样,因此社会公德在不同国家的内容也有所区别。

在社会公德与公民个人道德的关系上,既有联系又有区别。首先,社会公德是道德体系的最基本层次,是对个人道德的最低要求,是人们在公共生活中应当遵守的最起码的行为规范。比如我国清末的思想家梁启超就认为"公德者诚人类生存之基本哉"。其次,公民个人道德具有参差不齐的特点,有的公民个人道德水平较高,比如说能够在危急时刻见义勇为等;有的公民个人道德水平相对较低,比如说在图书馆等场所大声喧哗等。但总体来讲,社会公德的水平取决于组成社会的每个个人的道德水平。因此,个人道德水平的提高,对于社会公德水平的提高至关重要。

(二)社会公德与社会主义精神文明建设

社会公德作为社会公共生活领域的道德规范,在道德领域具有基础性的地位,更是社会主义精神文明建设的重要组成部分。

1.社会公德是维护社会公共生活正常秩序的基本条件。社会公德是维护公共场所正常秩序和安定环境,维护现实社会生活的最低准则,是人们社会生活稳定发展的必要条件。没有良好的社会公德,有秩序的社会生活将陷入混乱。比如说排队,假如人们都不遵守按次序排队的社会公德,那么人们就会陷入无休止的纷争之中,虽然按次序排队并没有法律的强制规定。

2.社会公德是维护人与人之间相互尊重,保证人与人之间正常交往的关键要素。助人为乐,见义勇为,举止文明,讲究礼貌等是良好的美德和风尚,能否形成这种社会风气是社会文明程度高低的衡量。中国向来有"文明古国"之称,享有"礼仪之邦"的美誉,讲文明礼貌互相尊重,必然有利于国家的繁荣昌盛和安定团结,有利于家庭关系的和睦,也会有利于自身的思想修养。

3.社会公德建设是社会主义精神文明建设的基础性工程。社会公德是社会道德的基石和支柱,对社会道德风尚的影响稳定而深刻、广泛而持久。如果社会公德遭到了践踏和破坏,整个社会的道德体系就可能会瓦解,社会安定团结的局面将遭到破坏,社会主义精神文明建设也不可能真正搞好。社会公德作为衡量社会主义精神文明建设的重要标志,需要每个社会成员自觉地以社会责任感考虑自身的行为,从而推动社会公德水平的不断提高。

(三)社会公德与宪法

我国的社会公德发展与宪法有着密不可分的联系。即使是"社会公德"这个词语本身也是出自宪法。在 1954 年通过的新中国第一部宪法第一百条中规定,"中华人民共和国公民必须遵守宪法和法律,遵守劳动纪律,遵守公共秩序,尊重社会公德"。这是我国历史文献中关于"社会公德"的最早表述。由此可见,社会公德与宪法的关系渊源极深。1982年第五届全国人大第五次会议通过的现行宪法,更加明确地提出了社会公德的内容,其中第二十四条规定,"国家提倡爱祖国、爱人民、爱劳动、爱科学、爱社会主义的公德"。1986年9月通过的《中共中央关于社会主义精神文明建设的指导方针的决议》中,又把宪法中提出的"五爱"作为"社会主义道德建设的基本要求"。把社会公德纳入到宪法的规定中,足见社会公德对于社会主义建设的重大作用。那么在处理社会公德与宪法和法律的关系上我们应该如何把握呢?

宪法第二十四条规定的关于"五爱"的社会公德并不具有法律上的强制力。社会公德在性质上仍然属于道德的范畴,这一点就决定了它不具有强制执行的法律效力。另外,宪法第二十四条在用语上是清楚的,它明确使用了"提倡"一词,这个词所表达的一般意义显然也不具有强制性。由于社会公德是不断变化的,而宪法却要具有相对的稳定性,因此假如说"社会公德"条款要强制执行,必然带来法律适用上的混乱与自由裁量权的滥用。一个社会的道德水平是随着社会的不断发展而发展的,社会公德水平亦不能脱离社会发展的现实条件,更不能通过法律强制力的方式刻意地拔高社会公德的水平,那样的话无异于揠苗助长。对公民提出超越社会基础的社会公德要求,并通过法律的手段强制其遵守,反而会使公民产生抵触社会公德的逆反情绪,更加不利于社会公德建设。

三、国家的基本军事制度

宪法第二十九条规定了我国的基本军事制度:"中华人民共和国的武装力量属于人民。它的任务是巩固国防,抵抗侵略,保卫祖国,保卫人民的和平劳动,参加国家建设事业,努力为人民服务。国家加强武装力量的革命化、现代化、正规化的建设,增强国防力量。"在我国,武装力量由人民解放军、人民武装警察部队、民兵组成,他们在国家安全和发展战略全局中具有重要地位和作用,肩负着维护国家主权、安全、发展利益的光荣使命和神圣职责。在任何一个国家,军事制度都极为重要。宪法规定了武装力量属于人民,明确了武装力量的归属和性质,为实现国家的长治久安打下了坚实的军事基础。我国的武装力量来自于人民,服务于人民,服从于中国共产党的领导。根据宪法的规定,我国的武装力量主要有两大任务:一是维护国家安全,巩固国防;二是参加国家建设事业,承担急难险重的任务,努力为人民服务。按照宪法的规定,国家应当加强武装力量的"革命化、现代化、正规化",也就是说国家是武装力量的建设者,负责武装力量的预算、编制等问题,这一方面可以保证武装力量的发展方向,另一方面也从制度上约束了武装力量,使之能够被恰当使用。由于我国一直都坚持党对军队的绝对领导,因此武装力量能够成为国家稳定的柱石,也是人民安居乐业的保障。世界上有些国家和地区,由于没有在宪法中处理好军事制度,导致了频繁的军事政变或军人独裁统治,给当地的人民带来长久的不安定。

第三章　公民基本权利制度

第一节　权利从何而来

一、权利从何而来

文明的演进使今天的我们不会怀疑或否定生命、自由和财产权对人类的意义。无论是对于个体还是团体，身处21世纪，人格尊严、言论自由、财产权、选举权等政治、经济、文化及社会权利呈现在每个人生活的细节中。我们想得到尊重，渴望迈出的每一步都从容而自由，生命的尊严由此而来。关于权利的一切，从思想到理论，从理论到建构，从建构再到维护，无可否认是缜密而广阔的。21世纪关于权利的讨论，似乎只剩下权利扩张和限缩的程度问题了。

我们在接下来的宪法权利篇展开之前，首先追问一个问题：权利从何而来？这不仅是本书的重要命题也是本书的核心目的。宪法关注一个国家的正当性、社会秩序建构与维护，更重要在于宣示和维护权利。而对权利的探索，当然必须回到命题的原初。对权利来源的理解和认定，将直接影响人们对具体权利内核的判断。正如人类的基因决定人类的大脑，权利的来源决定权利的地位和内容。

权利关系是一群个体与政府所划定的来往界线。所以，公民权利的出现与否就与个体与政府之间的力量消长有极大的关系。在知识传播比较缓慢的古代，一样工艺技术的发明或一种组织方式的创新并不能很快地为别人所模仿、学习。在这种情形下，创新者或发明家可以在很长的一段时间内比别的人拥有高超的技能与组织力量。当这些优势呈现在军事、武力上时，这些高超技能的人就可以支配其他的人。这样的社会大致上就是君主政权的社会。此时,公民权利的范围是极其有限的。"礼不下庶人,刑不上大夫"正说明皇家、贵族与普通老百姓之间是不平等的。公民权利的出现要经由科技、知识的传播,使得社会中不再存有少数人的绝对优势才可能发生。这个论点大致上可以说明,为什么民主政治要到 18 世纪的工业革命以后才出现,也说明了在知识技术极为不对称的落后区域内,民主体制也难逃失败的根本原因。

基于以上的简略讨论,我们可以进行民主体制下的公民权利解说。尽管公民权利的范围极广,它的根本意义在于每一个人的行为是由自己主宰的。宪法对个人自由的保障正显示出个体对其人身的权利是界定给自己的,而非界定给政府。毫无疑问,个人较政府更珍爱与自己生活息息相关的这些权利。

以往我们在宪法角度思考、讨论权利时,总逃不开自然法、实证法的源头追溯。人类何以享有权利这个命题,好像必须回到上帝、自然和实证逻辑那里才是正统的路径。今天我们探知宪法权利,特别是社会大众在世俗层面上,具体到每个个体对于宪法权利的感知和要求,也许可以在上帝、自然法之外,来获得一种对宪法权利的诠释。除了简要回溯权利来源的传统理论认知,更重要在于向大家引介宪法权利向世俗权利的回归的一种新解释。

关于权利来源,权利的自然法理论和实证法理论可谓是两座屹立不倒之大山。自然法的权利观对大众可算是最熟念于心,人人口中都能说出"天赋人权"就是实证。自然法的权利观的主要内容是权利来自造物主,因而毋庸置疑无需求证。万能的上帝,仁慈的造物主赋予人类生命、自由、财产以及一切作为人应该享有的权利。这种权利观发生于宗教精英时代,在宗教为核心的时代确实得到广泛接受和信服,进一步佐证着人类对于自身起源的神秘和祈愿。然而经由英国的工业革命之后,人类进入真正意义上的现代文明。自然权利观由于其自身理论内容和论证的局限性在现实生活中解释权利显得困难重重。"天赋人权"不能回答为什么人类会在 20 世纪经历的世界大战、纳粹和极权政体对人类生命、尊严的践踏和摧毁。不能回答真真切切存在的奴隶制度、种族隔离、宗教纷争、恐怖主义给人类带来的种种困境。

"自然"生产权利这个命题无法论证,实证权利观冒出来,试图证伪"自然作为权利之母"这个命题。强调权利来自于法律的现实创造,视实在法为权利之母,而权利则是法律的派生物。而不可回避的是,法律是立法者的意志,至少在形式上如此。立法者可以制定赋予权利的法律同样也可以制定剥夺权利的法律。纳粹所制定的反犹太法律正是如此。

在《你的权利从哪里来?》一书中,法学巨擘德肖维茨提出全新而令人信服的答案,以解决法哲学与道德哲学中持续已久的难题——我们的权利来自何处? 所谓的"自然法"是否真的存在于宪法与法律条文之外? 如果是,我们如何知道自然法说了什么? 为什么权利会随时空不同而变?

在《你的权利从哪里来?》一书中,德肖维茨主张权利并非来自上帝、自然、逻辑,或是光,它只来自法律。权利产生自人类对不义的经验。① 正义是个捉摸不定的概念,难以定义,而且各种诠释彼此冲突;不义则正好相反,它是立即的、直觉的、具有广泛共识的,并且是具体的。《你的权利从哪里来?》是第一个不以完全正义理论为起点的权利理论,它从反面入手:由下而上、从试误中以及从集体的不义经验出发。人类的权利源自人类的恶行。

权利不来源于远处或瞭望,也不来自仰望,而来自人类永远无法避免的自身属性缺陷。把权利的源头从过往自然、上帝、逻辑等抽象神秘中剥离,将人置于权利来源的核心地位,权利来自人类自身制造不义的经验。这就是艾伦·德肖维茨"权利的世俗理论"。

我们认同艾伦·德肖维茨"权利的世俗理论",并认为权利的拓展来自于权利的培育。民主法治本身并不能在根本上回答权利的基因问题,民主法治本身所形成的价值理念,并不能必然地推导出权利的出身。尽管我们倾向于认为(事实上也确实如此)开启人类现代民主法治文明的里程碑式文件或宪法如《大宪章》、《权利法案》、《独立宣言》等,或是国际人权的《世界人权宣言》,要么宣告上帝赋权要么诉诸自然法,但它们并非权利的源头而只是权利与世界的联结方式。人类对自身不义的认知与规避决定权利的来源和范畴,具体到宪法中表现为权利的种类、内容和保障样式。权利的趋势不必然是扩张的,像当下涉及国家安全对自由权和隐私权的限缩等即是对人类复杂性的根本回应。不同社会的权利保护密度折射的是不同社会对自身危险性认知的密度。

---

① 参见[美]艾伦·德肖维茨:《你的权利从哪里来?》,黄煜文译,北京大学出版社 2014 年版,第 5—10 页。

二、1982 年宪法实施以来基本权利理论与实践的发展之路

1982 年宪法颁布实施已过三十多年,我们确有必要认真回顾和全面检视她的发展历程,其中特别是有关基本权利理论与实践的发展问题。

基本权利观念和基本权利制度从历史的起源上看,确实是发端于西方的舶来品。在一百多年前中华民族被历史的洪流逼迫着打开国门之时,基本权利的观念也随着民主、科学、共和等思想传入中国。但在那个特殊年代,基本权利的观念被融入到了更为宏大的救亡图存事业之中。比如我们所熟知的孙中山先生的三民主义,就以"民族、民权、民生"来概括中国人历史性的权利诉求。当时国人普遍认为,每一个公民的权利要求必须让位于民族和国家的独立、自主和尊严,非有国家之强大,不足以享受个人之权利。

随着中国共产党带领中国人民取得革命成功并建立新中国,中国人第一次有机会把握自己的命运,并且有机会与世界上其他国家的公民一样,去平等地追求自己的权利。这个时候,我们充分认识到中国贫穷落后的社会现实与我们所期望的各项基本权利之间的客观差距,也充分认识到国家在帮助提升每一个个体的权利的过程中有着不可或缺的作用。所以,新中国成立后基本权利观念的发展集中体现为全国公民对于党领导下的社会主义建设事业的全方位支持,国家也顺理成章地成为对全社会全面负责的"保姆"。但是,"文革"当中,公民的基本权利所遭遇的蹂躏和践踏却是极为惨痛的教训。这段历史告诉我们,那种将个人的基本权利完全依附于国家的观念是偏颇的、也是危险的,必须合理地处理并权衡国家、集体和个人三者之间的关系。在一个缺乏对个体尊严的基本尊重,缺乏对个体间差异的必要包容的社会里,任何对权利的承诺都可能变为一纸空文。

1982 年宪法全面修改的完成,既是主持宪法修改者痛定思痛的教训提炼,又是中国人的基本权利观念的一次飞跃。1982 年宪法最显著的变化之一,是把规定公民权利与义务的章节设置在规定国家机构的章节之前。这看似简单的文本调整,实质上反映了我们对于公民与国家关系的新认识。那就是:国家或政府都是为了公民的根本利益而存在、而服务,都必须以人为本。以人为本不是空洞的口号,而是具体的要求,它体现为对每一个中华人民共和国公民的基本尊重和法律上的承认,体现为每一个中华人民共和国公民所拥有的、不可剥夺的、不可转让的基本权利。以 1982 年宪法的颁布实施为标志,

基本权利的观念发展到了一个全新的高度,并且从此与民主法制建设的进程不可分离。2004 年的宪法修正案将"国家尊重与保障人权"写入宪法,作为第三十三条(宪法第二章"公民的基本权利与义务"的第一条)第三款,更体现了基本权利理论不断发展的生命力与强大的包容性。人权从过去唯恐避之不及的"敏感"词汇,变成了宪法对于全体公民的庄严承诺和对于一切国家公权力机关的有力约束,说明这个时代的中国人——尤其是执政者——完全具有从善如流的智慧与勇气,能够在立足国情的基础上充分吸纳和利用人类政治文明的共同财富,来助力于我们自己的民主法治建设,服务于每一个公民。

过去三十多年来,基本权利的发展呈现出理论上的繁荣与实践上的活跃。一方面,在 1982 年宪法的引领下,基本权利的观念逐渐被系统化地梳理出来,并结合哲学的、政治学的和其他社会科学的思想资源,打造出了更为精确的、严谨的法律理论。另一方面,在基本权利的法律理论的指导下,同时伴随着中国特色社会主义法律体系的建设与完善,基本权利在实践领域也取得了不断的进步,形成了多层次、立体化的权利保护与保障机制。具体而言,我们可以看到以下几个方面的特点:

第一,不断的理论超越。人权入宪意味着摒弃了对于基本权利的过度意识形态化的对待,承认了基本权利在规范性、现实性之外还有超验性,承认了宪法文本对公民基本权利列举的非穷尽性。过去我们在强调基本权利与社会经济发展实际之间的距离的时候,过度放大了客观条件的制约性与依赖性,有的甚至异化为对政府不作为的辩解之词。但现在我们认识到,基本权利在宪法和法律上获得承认与实现这些权利的过程中会遭遇的挑战是两个不同的问题。基本权利,从本质上看就是人之所以为人必不可少的权利。例如免于刑讯逼供的权利,就是一个与社会经济发展水平没有任何关联的权利,但是缺少这项权利的保障,司法公正和人的尊严就无从谈起。正是基于理论的升华,包括刑法、刑事诉讼法、律师法等在内的法律制定与修改才体现出更多的权利关怀。

第二,对人类共有智慧的开放态度。过去我们在借鉴权利保护的国际经验的时候,曾过度强调权利的具体性、区域性、局部性,而没有认识到某些权利保护规律和原则的普遍性。毫无疑问,中国人口众多、地区间差异极大,导致不同阶层、不同代际、不同利益群体的人对基本权利的理解有所不同,对国家保护与促进基本权利的方式有不同的期待。这是正常的,也是每一个国家都会碰到的情况。而且由于资讯发达导致的权利观念的立体性铺陈,使得中国必须共时态地直面西方社会用了几百年渐进累积的权利主张和权利问题,以及这种权利观念与社会环境发展不同步造成的空前巨大的压力。但是如果我们在消解此种压力时,过度强调国情的特殊性而遮蔽了自己的眼睛,那就会画地为牢、作茧自缚。近些年来,我们对平等权、表达自由权、社会保障权、环境权、政治参与权等等人类社会所共有共享的观念已经有了更为开放、从容、理性和客观的态度。既不盲目地生搬硬套外国的条文规定或制度设计,也不囿于体制的弊端而畏首畏尾。例如,现在很常见的听证程序就是在借鉴国外经验的基础上实现我国宪法第四十一条、第三十五条相关规定的成功方式,这对于提升公民政治参与水平有着非常重要的意义。

第三,注重宪法文本与社会现实的协调性,采取部分修改这样一种稳妥的宪法变迁方式来回应社会的基本权利需求。既维护宪法的稳定性、权威性,又保证宪法的适应性。1999 年宪法修正案加强了对个体经济、私营经济的保护,2004 年宪法修正案则进一步明确规定为"公民的合法的私有财产不受侵犯",并且将尊重和保护人权的首要义务主体明确为国家。与此同时,在全国范围内开展大规模的宪法教育、法制宣传与学习,普及公民的权利观念,提高干部重视和保护公民基本权利的意识。

第四,在建设中国特色社会主义法律体系的过程中完善基本权利的理论与实践。基本权利是整个法律体系的价值核心,但不能仅仅停留在价值的宣示上。实际上,中国特色社会主义法律体系的建设与完善过程就是一个将各项基本权利在各个层面予以系统化、精细化地表达与确立的过程。基本权利的体系既体现于宪法中的明文规定,也体现于其他部门法当中的具体化与制度化;既包含立法上的文本构建,也包含执法上的阐释与把握,更少不了司法上的个案推动。基本权利不是高高在上或者虚无缥缈之物,而是看得见、摸得着、可伸张、可保障的。宪法是一种生活方式,而基本权利恰恰就是构筑这一理想生活方式的基本材料。可以说,过去三十多年,基本权利引领着中国特色社会主义法律体系的建设与完善过程,同时也是我们检验这一工作是否取得成功的关键标准之一。

回首来时路,基本权利在我国的发展与进步殊为不易。专门性的宪法实施保障机构的缺乏,宪法解释制度的未被激活,急剧的社会转型导致的社会发展不平衡等等,这些都对公民基本权利的理论与实践发展提出了严峻的挑战,中国公民基本权利的未来发展之路依然光明而曲折。

第二节　中国宪法权利体系

世界各国宪法权利体系,基本上可以分为两类:以自由主义思想为基础的宪法权利体系和以社会主义思想为基础的宪法权利体系。前者见之于所有现代资本主义国家的宪法,后者见之于以苏联为代表的社会主义国家的宪法。以自由主义思想为基础的宪法,其宪法的权利体系基本上遵照个人自由(公民权利)、政治权利和社会权利的顺位。按照自由主义的基本理念,独立的个体是社会存在的起点和人性价值的根基,人权理论应该主要着眼于保障免受干预和侵害的个体自由。政治权利和社会权利都是个人自由权的衍生物,只有保障每个公民参与到政治生活中去,才能防止作为国家公器的政府被别人所霸占从而成为侵犯个体自由的工具;只有保障每个公民的社会权,才有可能使个人成为真正有理性、能负责的具有个体尊严的个体。需要指出的是,各个资本主义国家在将某项具体的权利是归之于自由权、政治权利还是社会权利上,存在一定的差异性。以社会主义、集体主义思想为基础的宪法,其宪法的权利体系遵循社会性权利、政治权利和个人自由权的序列。正统的社会主义理论认为,社会先于个人,而不是个人先于社会,权利的社会性是压倒个体性的,纯粹的个人权利并不存在。马克思主义认为,经济基础决定上层建筑,物质生活资料是所有权利的基础。在资本主义国家宪法中的排位最后的社会权利,在社会主义国家的宪法中被列为首位,其中劳动权又理所当然地成为社会权利中的首要权利。此外,人的本质属性是社会性,个人被视为其所处的社会关系的总和,所以以往被认为属于私人范畴或私人关系的事物都被认为具有公共性和社会性,人与人之间的社会关系就被充分地政治化了,因而在社会权利之后应该规定的是公民的政治权利。公民的个体自由在社会主义理论构架中只具有相对的意义,它被规定在公民基本权利的最末端。取代 1977 年苏联宪法的 1993 年俄罗斯宪法,其宪法权利是严格地按照资本主义国家宪法权利体系,即按照个人自由、政治权利和社会权利的顺序来安排的。

一、宪法权利的排序

资本主义国家的宪法权利体系和以苏联为代表的社会主义国家的权利体系,有一个共通的地方,就是都不看重政治性的国家权力。资本主义的宪法权利体系体现的是对个人的尊重,而苏联的宪法权利体系体现的是对社会的推崇,对这两者而言国家的作用都只是工具性的。

新中国成立初期,我国奉行向苏联"一边倒"的政策,且新中国第一部社会主义宪法制定的直接动因还来源于斯大林的建议,但1954年宪法并没有遵守苏联1936年宪法关于公民基本权利之社会性权利、政治权利、公民权利的这一排序,而是首先规定政治权利,然后是个体自由权,最后才是社会性权利。这种对政治权利的强调,与中国共产党所经历的艰苦漫长的夺权斗争有关,使得政权在党的理论和思想观念中占有最重要的地位。政治权利在我国历史上占有最具决定性的地位,和传统上对个人和社会的重要性缺乏足够的认识也有关。同时,由于新中国成立之初的民生艰难,对于由国家承担作为义务的社会性权利,当时的制宪者自认为无力给予充分保障,因而将之排列在公民权利的末端。新中国的四部宪法都是首先规定政治权利,但具体排序也有差别。1954年宪法在规定平等权之后,规定的权利顺位基本上是政治权利、个人自由和社会权利;1975年宪法规定的顺位则是政治权利、社会权利和个人自由,但取消了对平等权的规定;1978年宪法规定的权利顺位是政治权利、个人自由和社会权利,仍然没有规定平等权;现行宪法恢复了平等权的规定并赋予所有的国民以公民权利,权利顺位与1954年宪法和1978年宪法相同。

二、财产权与表达自由在宪法中的位置

新中国的四部宪法都按照苏联模式,将公民的私人财产权规定在国家的经济制度之中,而不是规定在公民基本权利的章节。即使2004年宪法修正案全面确立对私有财产权的保护,仍然没有将财产权调整到公民基本权利的章节之中。现行宪法第十三条规定:"公民的合法的私有财产不受侵犯。国家依照法律规定保护公民的私有财产权和继承权。国家为了公共利益的需要,可以依照法律规定对公民的私有财产实行征收或者征用并给予补偿。"

我国现行宪法规定的表达自由,更多强调的是个人自由性质而不是政治属性,这一点与苏联宪法有所不同。这有两方面的原因:一是历史上的原因,即中国共产党一直将表达自由看作个人自由,如 1939 年《陕甘宁边区抗战时期施政纲领》,将表达自由与住宅权、通信自由等个人自由在一个条款中规定。二是实践上的原因,虽然表达自由兼有保护个人完整性和促进民主社会的政治建设这两项功能,在逻辑上既可以归之于个人自由权也可以归之于政治权利,但对剥夺表达自由特别是剥夺言论自由的条件,应该比剥夺像选举权和被选举权这种更严格的政治权利的条件要严苛得多。表达自由是最基本的人权,而不是限于公民的权利。剥夺一个人的言论自由实质上是对一个人的人格的全盘否定。现行宪法第三十四条规定,被依法剥夺政治权利的人不享有选举权与被选举权。如果将表达自由理解为政治权利的话,就意味着现行宪法认同在和平时期对于个人言论自由的剥夺,意味着现行宪法对于言论自由这种最为基本的个人自由权的漠视,而且也意味着现行宪法将参与公共事务的管理(政治权利)和表达自己的个人意志(个人自由权)这两种不同的权利混为一谈。因此,将宪法规定的表达自由理解为属于个人自由权,应该更具有说服力。

三、宪法中的未列举权利

(一)未列举权利的来源及范围

宪法是公民权利的保障书,近代立宪主义以来,各国宪法文本都试图将公民享有的基本权利尽可能全面地写入宪法,为个人基本权利的享有和行使提供宪法保障。但是,由于人类认识能力的有限性,基本权利的开放性与流变性,成文宪法本身固有的局限性以及社会现实的发展性,各国宪法都不可能将公民所享有的基本权利尽数纳入宪法,而只能就立宪当时人们所能认识到的某些具有固定性、基础性、本源性的基本权利写进宪法,成为宪法明确列举的权利。与此相对应,宪法文本之外仍存在着众多宪法未明确列举的权利,这些权利与宪法明确列举的权利相比,在其重要性上毫不逊色。以往,我国学者曾多次呼吁某些基本权利"入宪",这些权利涵盖了生命权、罢工权、知情权、隐私权、迁徙自由权、诉权、司法救济权、公正审判权、正当程序权、营业权等等,似乎只有某项基本权利纳入宪法所开列的"基本权利清单"中,才能心安理得地去享有并行使该项权利,这无疑患上了一种"基本权利入宪依赖症",会使得该"清单"不堪"生命承受之重"。于是,有些学者总结出未列举权利理论,通过该理论发展出新兴的宪法基本权利。未列举权利理论将宪法基本权利视为一个动态的发展体系,该权利体系随着社会的发展以及人类认识能力的提高,通过宪法解释与宪法司法技术吸纳某些新兴的宪法权利。

随着我国 2004 年宪法修正案中"国家尊重和保障人权"条款的入宪,通过该宪法一般条款也可以发展出某些宪法未列举的基本权利,比如生命权、人格尊严、隐私权、迁徙自由权等。下面主要论述迁徙自由这一宪法未列举的个人自由权。

(二)未列举权利——以迁徙自由权为例

迁徙自由尽管从概念上描述存在一定的困难,但其基本含义则是指依个人意愿自由地从一地搬到另一地居住或者旅行的权利。迁徙自由可以简单地分为国内和国际两个层面,国内层面则意味着每个合法居住者在国籍国范围内享受迁徙和选择住所的自由;国际层面则意味着任何人进入本国的权利不得任意被剥夺,以及任何人有权离开任何国家。但由于民族国家作为一个政治事实依然存在,各国对入境者仍存在一定的监管,使得国际层面上的迁徙自由无法为人类普遍享有。迁徙自由不仅仅意味着公民有迁入或迁出的自由,同时也必须关注迁入后的法律后果,即迁徙自由的实现以迁出居民在迁入地受平等对待为必要条件,否则前者将无存在的意义。实际上,与迁徙自由紧密相连的,是迁徙后的择居、择业、受教育权、社会保障权等,这对公民来说更具有实质意义。迁徙自由涉及的维度非常广泛,包括政治、经济、文化、道德、习惯、传统,以及公民的权利意识、政府的态度和观念,反映了一个国家、一个政府、一个社会,乃至一部分地区、一部分群体潜在的观念倾向和价值取向。同时迁徙自由也应包括职业选择的自由,直接打破的是地区歧视和基于地区差别而形成的某些身份上的差别,由此引发的就是身份歧视,如城市对乡村、大城市对小城市、发达地区对欠发达地区,等等。

迁徙自由在我国经历了一个由肯定到否定再到松动的历程。在新中国成立之初的《中国人民政治协商会议共同纲领》和 1954 年宪法中均有迁徙自由的规定。《共同纲领》第五条规定:"中华人民共和国人民有思想、言论、出版、集会、结社、通讯、人身、居住、迁徙、宗教信仰及示威游行的自由权";1954 年

宪法第九十条规定:"中华人民共和国公民有居住和迁徙的自由。"后来,随着
国内政治经济形势的变化,1954 年宪法中保证的公民迁徙自由权被架空了。
1958 年全国人大常委会通过的《户口登记条例》第十条第二款规定:"公民由
农村迁往城市,必须持有城市劳动部门的录用证明,学校的录用证明,或者城
市户口登记机关的准予迁入的证明,向常住地户口登记机关申请办理迁出手
续。"此条例在我国首次以法律的形式将城乡有别的户口登记制度与限制迁
徙政策固定下来,实际上取消了 1954 年宪法规定的迁徙自由。1962 年公安
部在《关于加强户口管理工作的意见》中规定:"对农村迁往城市的,必须严格
控制;城市迁往农村的,应一律准予落户,不要控制;城市之间的正常迁移,应
当准许,上海、天津、武汉、广州等五大城市的,要适当控制。"1964 年国务院批
转了公安部《关于户口迁移政策规定》,对人口向城市迁移实行严格限制。
1975 年宪法将迁徙自由从公民基本权利中取消。1981 年 12 月国务院转发了
《关于严格控制农村人口进城做工和农业人口转为非农业人口的通知》。正
是通过上述一系列文件,我国建立了城乡二元分化的户籍制度,该制度将居民
严格限定于地方政府的管理之中,并剥夺公民的迁徙自由。户籍管理制度将
农民与城市人口严重地割裂,使国内各地区之间的差异永久化,成为各种不平
等制度的温床,比如农村与城市人口的不平等、受教育权上城乡和区域间的不
平等、国家公职人员录用上的不平等。因此有人说,当今我国社会最大的不平
等就是城乡的不平等,或者说是农民群体与广大市民的不平等,而限制农民迁
徙自由的户籍制度催生并加剧了这种不平等。因此,将迁徙自由权纳入到公
民的宪法权利体系之中,在经济全球化、政治一体化趋势不断加剧的今天,不
仅有利于深化我国户籍制度改革,而且有助于市场经济的发展繁荣。

　　其实,随着改革开放的深入,市场经济对自由劳动力的需求以及人口大量
流动现象的出现,城市化已成为中国不可逆转的趋势,我国早已开始了一定程
度的户籍制度改革。1979 年国务院转发了公安部《小城镇户籍制度改革试点
方案》和《关于完善农村户籍制度的意见》,正式启动小城镇户籍制度改革的
程序。1984 年 10 月国务院发布了《关于农民进入集镇落户问题的通知》,允
许务工、经商、办理服务业的农民自理口粮到集镇落户,这是我国户籍制度改
革的开始。1998 年国务院批转了《关于解决当前户籍管理工作中几个突出问
题的意见》,放宽对婴儿、分居的夫妻、身边无子女的老年人、投资和购房的公

民及其共同居住的直系家属的管理。2001 年国务院转批了公安部《关于推进小城镇户籍管理制度改革的意见》，全面推进小城镇户籍制度改革。

　　2014 年中央全面深化改革领导小组第三次会议审议并通过了《关于进一步推进户籍制度改革的意见》，意见对我国现有户籍制度改革提出了新的要求，即总的政策要求是全面放开建制镇和小城市落户限制，有序放开中等城市落户限制，合理确定大城市落户条件，严格控制特大城市人口规模，促进有能力在城镇稳定就业和生活的常住人口有序实现市民化，稳步推进城镇基本公共服务常住人口全覆盖。户籍制度改革是一项复杂的系统工程，既要统筹考虑，又要因地制宜、区别对待；要坚持积极稳妥、规范有序，充分考虑能力和可能，优先解决存量，有序引导增量；要尊重城乡居民自主定居意愿，合理引导农业转移人口落户城镇的预期和选择；要促进大中小城市和小城镇合理布局、功能互补，搞好基本公共服务，还要维护好农民的土地承包经营权、宅基地使用权、集体收益分配权。改革的终极目标应当是实行与迁徙自由相适应的、开放性的城乡统一的以公民身份证为准的"一卡通"管理模式，彻底打破所谓"农业人口"与"非农业人口"的界限，消除依附在户籍关系上的种种特定的社会经济利益，使户籍恢复其只承担单纯社会管理职能和人口统计意义上的功能。

　　在宪法层面上，推进我国户籍制度的改革，首先应在宪法中承认公民的迁徙自由，或者直接入宪或者通过宪法解释将迁徙自由吸收进公民人身自由权之中。其次，应制定适合国情的户籍法，以我国现有的户籍管理法规、政策为基础，同时吸收国外户籍立法的经验，避免户籍立法的复杂化，只规范户籍制度本身的基本问题，如户籍管理范围、性质、任务、基本原则等；户籍业务的科学划分、任务、目的、主要内容、基本要求、监督方式、违法处罚等；各项户籍事务的申报、受理、监督、评判、奖惩的具体程序等。最后，应建立与现阶段国情相适应且符合宪法平等精神的国家基本公共服务体系，为迁徙自由与户籍制度改革的实现扫除体制外的障碍，因为只有当公共服务的差别性逐步均等化，越来越多的基本权利脱离户籍性质而成为普遍的权利，农村人口可以享受到与城市居民同等的基本公共服务和各种机会的时候，人口迁移的户籍控制才有解除的可能，户籍制度才可以回归其本源。

第三节 公民自由权

一、人身自由权

(一)人身自由权的宪法释义

"生命诚可贵,爱情价更高。若为自由故,二者皆可抛。"一部人类社会的发展史,就是人们不断追求自由与寻得自身解放的历史。人身自由,又可称为身体自由,是指公民可以按照自己的意志自由支配其身体活动,而不受非法侵犯的权利。人身自由权作为一项宪法基本权利,是公民享有其他一切自由权利的前提和基础。如果一个人连最基本的人身自由都得不到保障,那么他们又如何去参加国家政治生活、社会生活乃至日常生活呢,如何行使其他自由权利呢?

在公民基本权利体系中,人身自由权有狭义与广义之分:狭义的人身自由权就是我们一般意义上理解的人身自由,它仅指公民的人身自由和安全不受侵犯,公民有人身自主权、举止行动的自由权、保护自己身体免受非法侵害和不受他人支配和控制的权利;广义的人身自由权除了上述含义之外,还包括与人身体活动自由以及成为一个有尊严的个体密切相关的其他权利,主要有人格尊严不受侵犯、公民住宅不受侵犯、通信自由和通信秘密受法律保护、迁徙自由等等。① 我国现行宪法中有关人身自由权的内容,主要体现在第三十七、三十八、三十九、四十条中,分别为人身自由不受侵犯、人格尊严不受侵犯、住宅不受侵犯、通信自由和通信秘密不受侵犯。

1.人身自由不受侵犯

人身自由不受侵犯,是说公民享有不受任何非法搜查、拘禁、逮捕、剥夺或限制的权利。我国宪法第三十七条规定:"中华人民共和国公民的人身自由不受侵犯。任何公民,非经人民检察院批准或者决定或者人民法院决定,并由公安机关执行,不受逮捕。禁止非法拘禁和以其他方法非法剥夺或者限制公民的人身自由,禁止非法搜查公民的身体。"从该宪法条文来看,该条主要包

---

① 参见许崇德主编:《宪法学》(第 3 版),中国人民大学出版社 2006 年版,第 247 页。

括两个方面的内容：一是人身自由权不受非法侵犯。"中华人民共和国公民的人身自由不受侵犯。""禁止非法拘禁和以其他方法非法剥夺或者限制公民的人身自由，禁止非法搜查公民的身体。"前者作为原则性的宣示直接规定了公民人身自由权，后者则从侧面规定了该项自由权不受非法侵害。人身自由权具有消极防御的功能，首要防御的就是国家公权力对公民人身自由的肆意干涉，国家负有保障公民人身自由权的不作为消极义务；同时，该项功能也内在地延伸到防御其他社会组织或者公民个人对其他人的人身自由的侵犯，这也构成刑法上对各种非法侵害公民人身自由罪（刑法第二百三十八条之非法拘禁罪，第二百四十一条之拐卖妇女、儿童罪，第二百四十四条之强迫劳动罪等等）在宪法上的依据。二是人身自由受限制的合法程序保障权利。人身自由权的行使并不是无边无际的，它必须在法律规定的范围内行使且不得损害社会公共利益与他人的合法利益。国家在必要的时候，可以限制公民人身自由权的行使，但这种限制必须遵循正当法律程序上的规定。"任何公民，非经人民检察院批准或者决定或者人民法院决定，并由公安机关执行，不受逮捕"（宪法第三十七条第二款），即是正当法律程序的中国式表述。需要指出的是，此处的"逮捕"应做扩大解释，其宪法本意是说以法律的名义实施的所有的剥夺或限制人身自由的行为。像"逮捕"这样剥夺或限制人身自由的措施必须由法定的机关决定和执行，必须符合法定的程序。这些具体内容后文将详细介绍，在此不赘述。

2.人格尊严不受侵犯

宪法意义上的人，必须是一个具备人的尊严的个体。简单点说，人的尊严就是人应该像人一样地活着，应该得到人应有的待遇，而不能被作为非人格的对象来对待。人格尊严是指与人身有密切联系的名誉、姓名、肖像等不容侵犯的权利，它经过法律确认后即表现为作为人应享有的人格权。但宪法上的人格权与民法上的人格权是有差距的，前者是个人针对国家的人格权，而后者说的是个人针对个人的一种人格权。从我国宪法和法律的规定来看，人格尊严的基本内容，主要包括名誉权、荣誉权、姓名权、肖像权、隐私权等，同时还包括其他构成人格本质的个体生命、身体、精神以及与个人的生活相关联的利益等其他内容。人格尊严，是宪法的最高价值所在，是公民基本权利体系中具有的最高价值规范，是公民享有其他权利的出发点和落脚点，是国家机关、社会组织等活动必须遵循的基本价值规范。但是,我国国家机关在行使职权过程中,有时缺乏对人格尊严的基本尊重,侵犯人格尊严的事件时有发生,比如早些年流行的"公审公判大会"、2006 年深圳市的"性服务者当街示众事件",以及历次"扫黄"行动中将"性服务者"、"嫖客"的照片公然挂在网上,等等。

现行宪法第三十八条规定:"中华人民共和国公民的人格尊严不受侵犯。禁止用任何方法对公民进行侮辱、诽谤和诬告陷害。"这是宪法在总结"文化大革命"中对人格尊严的各种侵犯和践踏的惨痛历史教训的基础上,并夹杂着宪法起草者"感同身受式"立法思维制定出来的,即 1982 年宪法起草者基本上都有过"文革"期间"大鸣、大放、大字报"等对人格尊严践踏的记忆。该规定禁止了三种对人格尊严侵犯的方式:人格尊严不受侮辱,即不得利用暴力或其他方法公然贬低他人人格,破坏他人的名誉;不得诽谤他人,即不得捏造虚构的事实,损害他人的人格;不得对他人诬告陷害,即为了达到陷害他人的目的,向有关机关虚假告发、捏造事实。作为宪法上原则性规定,人格尊严的宪法保障具体主要通过民法、刑法等具体部门法来实现的,比如刑法第二百四十六条侮辱罪、诽谤罪之规定:"以暴力或者其他方法公然侮辱他人或者捏造事实诽谤他人,情节严重的,处三年以下有期徒刑、拘役、管制或者剥夺政治权利。"又比如民法通则第一百零一条规定:"公民、法人享有名誉权,公民的人格尊严受法律保护,禁止用侮辱、诽谤等方式损害公民、法人的名誉。"民法通则第九十九、一百条分别规定了公民的姓名权与肖像权,等等。

3.住宅不受侵犯

公民住宅是私有产权中最重要的一部分。住宅通常是指自然人以永久居住或暂时的意思而居住的处所,在法理上解释,供人居住和生活的场所都应视为住所,这里广义上当然包括学生宿舍、宾馆以及为居住而临时搭建的工地木板房等等。家是心灵的港湾,它承载着中国人太多的想象,是每个人生活娱乐休闲、享受家庭天伦之乐的地方。住宅不受侵犯,是指公民居住和生活的场所不受非法侵入和搜查。现行宪法第三十九条规定:"中华人民共和国公民的住宅不受侵犯。禁止非法搜查或者非法侵入公民的住宅。"由于住宅与人身自由、私人生活以及家庭之间的密切联系,对住宅的侵犯不仅仅单指非法搜查与非法侵入这两种方式,还应包括:在住宅外部通过一定的器具非法监听或窥视住宅内部的私生活或家庭生活的情景;他人进入住宅后,在主人要求其离开时,拒不离开的情形;等等。

我国刑法第二百四十五条非法侵入住宅罪规定:"非法搜查他人身体、住宅,或者非法侵入他人住宅的,处三年以下有期徒刑或者拘役。"但是,住宅不受侵犯并不是绝对的,国家在一定情况下可以对公民住宅进行一定的限制:为了搜集犯罪证据、查获犯罪嫌疑人,侦查人员可以对涉嫌藏匿的住宅进行搜查;法定的国家机关可以依法查封公民住宅;国家为了公共利益的需要,可以对公民住宅进行征用或者征收,但必须给以适当合理的补偿等等。但是,上述限制措施,必须遵循正当的法律程序,比如根据刑诉法第一百三十四、一百三十六条规定,除非在执行逮捕、拘留的时候遇有紧急情况,司法人员对公民的住宅进行搜查时必须向被搜查人出示搜查证。

4.通信自由与通信秘密

从飞鸽传书、驿马八百里加急以及传统的书信电报,到现在的航空快件、电子邮件,人们不断丰富着通信的手段。公民之间的通信往来涉及到个人生活、思想活动、社会交流等切身利益,因而通信自由和通信秘密也成为公民的一项宪法基本权利。通信自由是说公民有根据自己的意愿自由地进行通信而不受他人干涉的自由;通信秘密说的是公民通信的内容受法律保护,任何人不得非法私拆、毁弃、偷阅、公开他人的私人信件。现代通信手段的多样化,使得侵犯公民通信自由与通信秘密的形式也呈现出一定的复杂性。比如手机号码的泄露使得我们经常会收到广告推销、诈骗的短信和电话,或者网络店家用"呼死你"系统恶意报复拒收买家的行为等等,这些行为都是侵犯了公民的通信自由。再比如,擅自将他人的私人信件公开,这也侵犯了公民的通信秘密。

现行宪法第四十条规定:"中华人民共和国公民的通信自由和通信秘密受法律的保护。除因国家安全或者追查刑事犯罪的需要,由公安机关或者检察机关依照法律规定的程序对通信进行检查外,任何组织或者个人不得以任何理由侵犯公民的通信自由和通信秘密。"该条在赋予公民通信自由和通信秘密的同时,也对国家机关限制公民该项权利的特殊情形规定了严格的规定。然而事实上,通信自由和通信秘密所受到的限制应更为宽泛,比如我国监狱法第四十七条规定:"罪犯在服刑期间可以与他人通信,但是来往信件应当经过监狱检查。如发现有碍罪犯改造内容的信件,可以扣留。"同时,我国邮政法及其实施细则、刑法等法律规范,对公民通信自由和通信秘密的保护和限制作了更为详细具体的规定。

（二）人身自由权的保障

人身自由权作为一项重要的基本人权，它不仅要求国家公权力机关、社会组织以及其他个人消极地非依法定程序不得侵犯公民人身自由，同时也要求国家机关必须积极维护公民的自由权利，即立法机关、行政机关和司法机关须通过一定的制度设计来积极保障公民的人身自由不受非法侵犯。这就涉及到人身自由权的保障。人身自由权的保障是现代宪法遵循的一项基本原则，对人身自由的限制必须按照基本权利的立法界限原则，确立国家权力运行的界限。我国对人身自由的保障主要有两种形式，一是实体上的保障，二是程序上的保障。

1.实体上的保障

人身自由权的实体保障，强调的是保障人身自由权的基本原则和制度。我国人身自由权的实体保障主要体现在以下几点：第一，宪法第三十七、三十八、三十九、四十条分别规定了公民人身自由方面的四项基本权利，这是公民人身自由权在宪法层面上保障，它确立了限制或剥夺人身自由时必须遵循法定的原则，只有法定的国家机关按照法定的程序才有权决定剥夺或限制人身自由，这也成为其他部门法保障公民人身自由权在宪法上的依据。第二，我国立法法第八条、第九条确立了"法律保留原则"，即"有关犯罪和刑罚、对公民政治权利的剥夺和限制人身自由的强制措施和处罚、司法制度"等内容只能由全国人大及其常委会以制定法律的形式予以规定，且不得进行委托立法或授权立法。行政处罚法第九条也对行政处罚的设定权进行了规定，即"法律可以设定各种行政处罚。限制人身自由的行政处罚，只能由法律设定"。第三，确立了罪刑法定主义，即刑法第三条规定的："法律明文规定为犯罪行为的，依照法律定罪处刑；法律没有明文规定为犯罪行为的，不得定罪处刑。"同时，刑法分则第四章规定了侵犯人身自由权的各种犯罪行为，并规定了相应的刑罚处罚措施，比如非法拘禁罪、绑架罪、诬告陷害罪、侮辱罪、侵犯通信自由罪，等等。第四，其他法律也禁止非法侵害公民人身自由权的行为，比如民法通则及其相关司法解释规定了对侵犯公民人格权的民事责任，如赔礼道歉、消除影响、精神损害赔偿金，等等。

2.程序上的保障

人身自由权的保障，仅有实体上的保障是不够的，还须一整套完善的法律程序加以保障,即国家公权力机关限制公民人身自由权时必须遵循法定的程序标准,也就是所谓的"正当法律程序原则"。我国宪法虽没有对刑事正当法律程序作出具体的规定,但并不表示我国不存在对公民人身自由权的程序保障规范,而是把它留给刑法与刑事诉讼法以及相关司法解释来处理。我国法律规定的程序上的保障主要表现在以下几项内容:拘留和逮捕依法律程序进行;严禁刑讯逼供;被告人知情权等合法权益受法律保护原则;申请律师帮助辩护的权利。对公民人身自由权的限制或剥夺,无论是其具体的措施,还是实施的方法,都必须遵循正当法律程序。

（三）人身自由权的限制

人类天性亲近自然,渴望过着无拘无束、追逐自然而然的生活,但我们并不是生活在原始状态的草原上或丛林中,而是生活在法律秩序之下。我们身体的动静举止从来就不是为所欲为的,人的社会性决定了人的行为时刻受到法律规范、公共利益和他人权利的制约。因此,人身自由权是法律秩序之下的自由权,人身自由权的形式必须在法律范围内行使,并且受到相应法律规范的限制,具体包括以下三种:限制或剥夺人身自由的刑罚手段、刑事诉讼中的强制措施和行政执法中对人身自由的限制。

1.限制或剥夺人身自由的刑罚手段

刑罚是指刑法规定的由国家审判机关依照刑事诉讼程序对犯罪人适用,并由特定的国家机关强制执行,以限制或剥夺其一定权益为内容的强制性制裁方法。我国刑法第一编总则中第三章"刑罚"规定了七种刑罚措施,有主刑与附加刑之分,刑罚的方法有生命刑、自由刑、财产刑和资格刑等,其中限制或剥夺人身自由的刑罚有四种,即管制、拘役、有期徒刑与无期徒刑。

（1）管制。管制是指限制犯罪人的一定自由但并不予关押而将其交由司法行政机关实行社区矫正的一种刑罚方法。相较于其他限制或剥夺人身自由的刑罚手段,管制是一种开放性刑罚手段,不将受刑人羁押在特定的场所或者设施内剥夺其人身自由,而是在不影响受刑人工作和家庭生活的前提下对相关自由权利加以限制。

管制一般由公安机关执行,与群众监督改造相结合,但社区矫正的执行机关为司法行政机关。需要注意的是,对于被判处管制的犯罪分子,在劳动中应该同工同酬。

(2)拘役。拘役是短期剥夺犯罪人的人身自由,由公安机关就近执行并对受刑人进行劳动改造的刑罚方法。拘役的期限之"短",是指其期限为1个月以上6个月以下,数罪并罚时最长不超过1年;所谓的"就近",是指将犯罪人放在辖区内拘役所执行,没有拘役所的则放在较近的监狱执行,没有监狱的则放在看守所执行。拘役执行期间,犯罪人每月可回家一到两天;参加劳动的,可酌情发给报酬。

(3)有期徒刑与无期徒刑。有期徒刑是在一定期限内剥夺犯罪人的人身自由,强迫其劳动、接受教育和改造的刑罚方法。有期徒刑在监狱或者少年管教所执行,后者关押14周岁以上不满18周岁的少年犯罪人。

无期徒刑是指剥夺犯罪分子终身自由,强制其参加劳动、接受教育与改造的刑罚方法。其与有期徒刑最主要的区别在于刑期的无期限性,即剥夺受刑人的终身自由。然而从我国无期徒刑的实际执行情况来看,大量的被判处无期徒刑的犯罪人并没有在监狱中度过终身。实际上,根据我国刑法的规定,服刑人员在服刑期间的表现符合法定的条件,可以适用刑法关于减刑、假释或特赦的规定使得很多被判处无期徒刑但经过教育改造的人重新回到社会。由于无期徒刑的无期限性,不存在羁押期限折抵刑期问题。需要指出的是,被判处无期徒刑的人,必须附加剥夺政治权利终身。

2.刑事诉讼中的强制措施

刑事诉讼中的强制措施是司法机关为了保证刑事诉讼的顺利进行,依法剥夺或限制犯罪嫌疑人和被告人的人身自由的各种强制性的方法。按照法律规定,有权适用强制措施的主体仅限于侦查机关、检察机关和审判机关;适用的对象仅限于犯罪嫌疑人和被告人,对于诉讼参与人(比如证人、被害人等),则不能适用;强制措施是预防性与临时性措施,并不具有惩罚性,主要是为了防止犯罪嫌疑人和被告人毁灭证据、伪造证据或者继续犯罪等妨碍刑事诉讼的行为。我国刑事诉讼法规定的强制措施有:拘传、取保候审、监视居住、拘留和逮捕,同时对这些强制措施的适用机关、适用条件和程序都有严格的规定,防止出现因为滥用强制措施而出现侵犯公民人身自由权的现象。

(1)拘传。拘传是强制犯罪嫌疑人或被告人到案接受讯问的一种强制措施。拘传不同于传唤,传唤是司法机关使用传票通知犯罪嫌疑人或被告人在指定的时间自行到指定的地点接受讯问。经过传唤,犯罪嫌疑人或者被告人无正当理由拒不到案时,则使用拘传,拘传属于强制到案。刑事诉讼法规定,一次拘传的时间不得超过 12 小时,案情特别重大、复杂,需要采取拘留、逮捕措施的,不得超过 24 小时,且不得以连续拘传的形式变相羁押犯罪嫌疑人。在拘传期间,应当保证被拘传人的饮食和必要的休息时间。

(2)取保候审。取保候审是责令犯罪嫌疑人或被告人以提供保证或缴纳保证金的方式获得释放的一种强制措施,保证在释放期间不逃避或妨碍侦查、起诉和审判且能随叫随到。但是,对于累犯、犯罪集团的主犯,危害国家安全犯罪与暴力犯罪的犯罪嫌疑人等不采取取保候审。

(3)监视居住。监视居住是责令犯罪嫌疑人、被告人不得擅自离开住所并对其活动进行监视的强制方法。监视居住的适用范围与取保候审基本相同,通常是在犯罪嫌疑人、被告人既提不出保证人,又交不起保证金,无法采取取保候审时,才采取监视居住,监视居住的程序也与取保候审大体相当,由公安机关负责执行,期限不超过 6 个月。公安机关除采取常规的监控手段外,还可以采取电子监控、不定期检查以及监视其通信等手段对住所进行监视。监视居住期间,被监视居住人所遵循的规定与取保候审大体相当,其中还需遵守"未经执行机关批准不得会见他人或者通信",但不包括同被监视居住人共同生活的家庭成员和一般案件中的辩护律师。

(4)拘留。拘留是公安机关、人民检察院在侦查过程中,在紧急情况下依法临时剥夺某些现行犯或重大嫌疑分子的人身自由的一种强制措施。所谓的紧急情况,是指适用拘留的条件。所谓的临时,是指拘留的期限短,会随着诉讼的进展而变更,或转为逮捕,或转为取保候审或监视居住,或予以释放。

(5)逮捕。逮捕是公安机关、人民检察院和人民法院,为防止犯罪嫌疑人或者被告人逃避侦查、起诉和审判,进行妨碍刑事诉讼的行为,或者发生社会危险性,而依法剥夺其人身自由的一种强制措施,在五种强制措施中属于最严厉的一种。根据宪法第三十七条和刑事诉讼法第七十八条的规定,逮捕犯罪嫌疑人、被告人,必须经过人民检察院批准或者人民法院决定,由公安机关执行。

3.行政执法中对人身自由的限制

行政机关作为国家公权力与公共利益的代表,其在行使行政管理职权的过程中,为了保障良好的社会秩序,维护社会公共利益,在某些情况下需要依法限制或剥夺公民的人身自由权。在行政执法体系中,对公民人身自由权的限制或剥夺主要归为两种,即行政处罚中的人身自由罚与行政强制措施中对人身及人身自由的强制。

(1)行政处罚中的人身自由罚。在我国行政处罚法体系中,人身自由罚作为最为严厉的处罚,是限制或剥夺违法者人身自由的一种行政处罚。立法法第九条与行政处罚法第九条第二款规定,限制或剥夺人身自由的行政处罚只能由法律设定。人身自由罚主要有三种,即行政拘留、劳动教养和驱逐出境、禁止进境或者出境、限期出境。

行政拘留又可以叫作治安拘留,一般适用于严重违反治安管理规范的行为人,且在使用警告、罚款处罚不足以惩戒违法者时才使用。同时治安管理处罚法第二十一条规定有四类人不适用行政拘留,有些法律法规对特定的违法行为直接规定适用行政拘留。

劳动教养,是对有轻微犯罪行为,但尚不够刑事处罚条件且有劳动能力的人实行强制性教育改造的处罚措施。2013年12月28日第十二届全国人大常委会通过了关于废止有关劳动教养法律规定的决定,劳动教养制度正式废止,同时对正在被执行劳动教养的人员解除劳动教养。

驱逐出境、禁止进境或者出境、限期出境,这是由公安、边防、安全机关对违反我国行政法律规范的外国人、无国籍人采取的强令其离开或者禁止进入中国国境的处罚形式,具体规定在外国人入境出境管理办法、国家安全法、边防检查条例以及治安管理处罚法有关条款之中。

(2)行政强制措施中对人身及人身自由的限制。行政机关在行政管理过程中,为制止违法行为、防止证据毁损、避免危害发生、控制危险扩大等情形,会依法对公民人身自由实施暂时性限制。对公民人身自由权限制的行政强制措施,散见于具体的行政管理法律规范之中,这些规范也为公民对其人身自由权的侵害提高了一定的救济途径,如可以在法定期限内提起行政复议或行政诉讼,且在一定情形下违法侵权的机关应给以一定的国家赔偿。

二、言论自由权

(一)言论自由的理论基础

今天,可能并不是所有人都知道伏尔泰何许人也,也不是所有人都知悉他的人生建树和对人类的贡献。但许多人能说出那句"我不同意你所说的话，但我誓死捍卫你说话的权利"。不管这句话有多少不适当的优越，但它宣告着言论自由的正义感。告诉你我他，你们我们他们，毫无疑问享有的最重要一项自由，就是言论自由。

言论自由的核心在自由，重点在言论与表达。言论自由即公开表达意见，不是私下议论，因此也称表达自由。表达的含义不仅仅表现为思想或意见的输出，也包括接收思想或意见的范围和能力，不仅是发声的自由，也是保有沉默的自由，也即不被强迫发声和表达自己非自愿的言论的自由，不仅是正确言论的自由，也是错误言论的自由。广义的言论自由还包括用符号和象征形体动作、图像、绘画、雕像、音乐、音像等形式来表达自己言论的自由，而且要行使言论自由需要有公开发表见解、观点、立场、思想的途径与媒介，那就是新闻媒体和各种出版物。表达自由意味着：第一，人人有权持有主张、坚持观点。人们怀有何种理念、情感、意志，不受干涉。在这方面，具体表现为思想自由、信仰自由等等。第二，人人有权发表意见、进行辩论。人们怀有的理念、情感、意志，外露不受干涉。在这方面，具体表现为言论自由、创作自由等等。第三，人人有权寻求信息、传递思想。人们外露的理念、情感、意志，交流不受干涉。在这方面，具体表现为通讯自由、新闻自由、出版自由以及现代的电子信息自由等等。在行使这些自由时，不论口头的、书写的、印刷的、采取艺术形式的，或通过他所选择的任何其他媒介。"其他媒介"应包括电脑网络，这是当代最迅速、最有效的传播媒介。

人为什么需要言论自由以及需要怎么样的言论自由？关于言论自由的研究早就归纳出两大方面四个层次。两大方面是言论自由对个体和民主制度无可替代的价值，具体表现为追求真理、自我实现、维护民主政治和良性正义社会。① 基于以上理由，压制言论自由在道德伦理和政治伦理中都毫无根据。

1.言论自由与民主政治

在民主政治制度中，公民与国家的关系，是参与被参与、监督与被监督的关系。民主政治的两个基本要件，一是公民参与，二是权力监督。在民主法治国家，社会公共生活是公民与国家交互的平台，沟通意见和讨论妥协是民主政

---

① 参见［英］约翰·密尔：《论自由》，许宝骙译，商务印书馆 2005 年版，第 3 页。

治得以正常运作的关键转轴。

可以想象,一旦言论自由受阻,民主制度马上演变成统治者操纵的傀儡。言论自由对民主政治的作用:一是广泛而深入的讨论交流有助于制定更好的公共政策;二是防止政府垄断信息和滥用权力;三是言论与思想的汇集流通为社会政治经济秩序拥堵提供立交流动场所,增进社会文明与安抚社会撞击。

在民主政治下,民众的言论和一切行为不是为配合统治者统治国家而服务的,而是相反,国家的最终目的,乃是协助个人自由地发挥其天赋才能,国家也应当为每个人充分自由发挥与言论相关的种种潜能创造条件。

在这个意义上,没有言论自由,就没有现代意义上的民主政治。

2.言论自由与发现真理

人类的认知能力受到所处时代、身体素质、家庭、教育、经验、智识等综合因素的作用,存在客观的局限。压制言论不仅扼杀去伪求真的机会,更可能令谬误引导众人。真理有可能为大多数人所掌握,有时候又常常站在少数人这边。

3.言论自由与个体的自我实现

人类之所以能区别于自然万物,除了最传统的理解认为人类能够制造工具创造物质和文化外,更重要的在于,我们默认自己,每一个人类个体,都存在一个神秘的精神世界。表达自由是人作为精神存在所应有的基本权利。人通过精神世界认识自我、实现自我和认识世界,使人人格丰满,自尊自信。人活着与存在的意义,当然不只是为了正常吃饭睡觉。拥有自由精神、独立意志、道德判断和文化智识修养,才是一个现代意义上拥有人格和尊严的生命个体。

(二)宪法中的言论自由权

进入到 21 世纪,世界范围内对言论自由属于基本人权和政治文明基本要件已是一项毋庸置疑的国家共识。1954 年以来的中国宪法,都规定了言论自由条款。现行宪法第三十五条规定:"中华人民共和国公民有言论、出版、集会、结社、游行、示威的自由。"第四十七条规定:"中华人民共和国公民有进行科学研究、文学艺术创作和其他文化活动的自由。"第四十一条规定:"中华人民共和国公民对于任何国家机关和国家工作人员,有批评和建议的权利;对于任何国家机关和国家工作人员的违法失职行为,有向有关国家机关提出申诉、控告或者检举的权利,但是不得捏造或者歪曲事实进行诬告陷害。"

在国家层面上,宪法对言论自由的保障类型和保障程度有所不同。比如,法国人权宣言和德国基本法的言论自由保障属于现代契约国家对公民的确权。法国人权宣言(1789 年)第 11 章:"思想和见解的自由交流,乃是最为宝贵的人权之一;因此,除了根据法律决定的情形而必须为这项自由的滥用负责,每个公民皆可自由言论、写作并发表。"德国基本法(1949 年)第五章第一条:"每个人都有权在言论、文字和图像中自由发表和传播见解,并从通常可获得的来源中获取信息。"美国的言论自由条款,主要来源于其宪法第一修正案的规定:"国会不得制定关于下列事项的法律:确立国教或禁止信教自由;剥夺言论自由或出版自由;或剥夺人民和平集会和向政府请愿伸冤的权利。"

(三)言论自由与国家角色——限制与保障

综观言论自由的历史与现状,我们必须审视言论自由与国家公权力之间的关系。国家权力在言论自由的保障中应扮演何种角色,是我们本节的关注点。

现代国家能够调动军事、政治、经济等社会各个方面的资源,因此也就很容易对言论自由造成侵害。言论自由的精神内核在于让人们有根据自我意志表达或者沉默的自由。同时,现代国家宪法所规定和保障的言论自由,是基于宪法框架内的自由,而不意味着为所欲为。这个框架,即是言论自由的边界。

目前世界范围内国家对言论自由的限制,主要采用的仍然是"清楚与现存危险"的标准,该标准主张对言论的主要控制应当通过在思想市场的自由竞争而非政府的干预。

就像商品市场中产品有其消费对象一样,言论在思想市场中也有其消费者。政府对言论的干预,不能像在商品市场中一样制定硬性标准。但这并不意味着政府在任何情况下都不能制定标准和限制言论。国家为了保持良好社会秩序和善良风俗,维持人类基本的文明与尊严,有权在宪法框架内设立限制言论自由的法定标准。在"清楚且现存的危险"标准下,政府必须同时满足两个条件,才能够合宪地限制公民的言论自由:第一,言论所带来的危险必须是"清楚的",而非模糊或想象的,是普通人都能够认识和理解的危险;第二,危险必须是即将发生不是将来才发生。因此,可以说现代国家下的言论自由,并不是一种绝对的天赋人权,而是一种需要审慎限制的宪法基本权利。

三、集会、结社、游行、示威自由

我国现行宪法第三十五条规定:"中华人民共和国公民有言论、出版、集会、结社、游行、示威的自由。"虽然宪法在这一条款中规定了六种不同的自由类型,但这些自由权利都属于政治权利的范畴,其中出版、集会、结社、游行、示威这五类虽然都可以看作是言论自由的不同表现形式,但它们实际上也都有各自独立的价值,并不能被言论自由所完全覆盖。

(一)集会、游行、示威权

1.集会游行示威权的含义

按照我国《集会游行示威法》第二条的规定,集会是指"聚集于露天公共场所,发表意见、表达意愿的活动"。集会、游行、示威可以看作是言论自由的延伸。我们通常所说的言论自由主要由个人行使,但如果公民以集体的形式去行使言论自由权,就会出现我们所说的集会、游行、示威。宪法保障集会、游行、示威的自由与保障言论自由的意义基本相同,主要是因为这些权利和自由对促进民主政治的发展、提升民众对公共事务的参与至关重要。需要指出的是,把集会、游行、示威放在一起,并不意味着这三种权利的行使是一起的或连续的,而是因为这些权利大都需要在公共场所行使。

2.集会、游行、示威权利的保障范围

集会、游行、示威是保障公民以集体的力量作为表达言论方式的自由。保障的范围包括集会游行的种类、时间、地点、方式,也包括集会游行示威的要求主题及服装的决定等,甚至亦包括之前的筹备措施,例如事前张贴海报、散发传单,及引人注意的各种宣传活动。

3.对集会、游行、示威权利的法律限制

集会、游行、示威自由受宪法保障,但是在集会地点周边的人,他们的权益如何确保? 集会游行示威可以基于公共利益的理由加以限制,主要的目的在避免集会的举行与其他人对公共场所(道路、广场、公园)的利用上发生冲突。法律上对集会游行示威的限制立法体例主要有两种:一种是备案制,即公民的任何集会游行示威,都不需事先申请许可,只要事后没有造成法律责任事故,任何时间、地点,都可以自行启动集会游行示威。现代法治国家大多实行这种立法体例。另一种是许可制,是指任何集会游行示威必须事先获得主管机关的许可,才得进行,否则即属违法。主管机关可以基于行政裁量,视情况作出不予许可的决定。我国的《集会游行示威法》的规定属于许可制。该法第十二条规定:"申请举行的集会、游行、示威,有下列情形之一的,不予许可:(一)反对宪法所确定的基本原则的;(二)危害国家统一、主权和领土完整的;(三)煽动民族分裂的;(四)有充分根据认定申请举行的集会、游行、示威将直接危害公共安全或者严重破坏社会秩序的。"除了对集会内容进行限制,该法还对集会、游行、示威的时间、地点、形式等作了限制性规定。

(二)结社权

与上述的集会、游行、示威一样,结社权也是民主政治的重要基础。现代民主法治国家,国家的建构都基于公民之间的契约。公民有参与国家事务、发表和交流意见的权利和责任。结社权使公民得以通过一个非政府组织实现价值理念的凝聚和交流,在制度化的社团文化中实现自我管理和公共事务参与。这种良好有序的社团文化是公民社会和民主国家的基础。单个公民面对强大的国家公权力会显得势力单薄,而结社自由能保障公民个体结成联合,以平衡国家的公权力。

结社自由权的保障范围包括:(1)积极的结社自由,指个人享有结成新的社团或是加入既有社团的自由。社团成员也享有自主管理权的自由。(2)消极的结社自由,指个人有不加入特定团体,或是脱离特定团体的自由。(3)不仅个人可以为权利的主体,任何团体也有继续经营,或从事各种相关活动,直至解散的自由,公权力不得非法予以干涉。宪法保障公民为特定目的,以共同之意思组成团体并参与其活动的自由。社团成立的目的、性质,成员的认同等都属结社自由保障的范围。

公法团体上的结社自由。所谓公法社团是依据公法而成立的法人团体,具有浓厚的公共任务取向,其种类包含国家、地方自治团体等地域性社团,以及律师协会、医师协会、会计师协会等身份性团体。

结社自由作为自由权的一个分支,跟言论自由一样,也有其边界。世界各国对于结社自由的限制主要有以下几种方式:一种是事前限制结社,另一种是限制社团活动。由于事前限制很容易演变成对结社自由的侵害,政府必须特别谨慎。现代民主法治国家很少直接规定事前限制结社。第二种即是限制社团的政策和活动。这种限制措施是目前各国普遍采用的限制类型。

中国对于结社自由的规定,根据《社会团体登记管理条例》,实行的是严格的事前限制。该条例对社会团体的登记批准条件作了明确规定。

四、宗教信仰自由

在世界各国的宪法里,大都有专门条款来保障宗教信仰的自由。在这些宪法条款和相关的法律制度下,政府在对宗教政策上就有基本的规范。各国宪法多肯定宗教信仰自由,在这个现代的世界潮流里,由于各国的文化和宗教传统不一、政治形态相异,对宗教的实际政策还有很大的差异存在。

(一)宗教信仰自由的对象

个人的信仰自由。人有信仰自由的权利,此种自由在于人人不受强制,无论个人或团体,也无论任何人为的权力,都不能强迫任何人,在宗教信仰上,违反其良心行事,也不能禁止任何人,在合理的范围内,或私自、或公开、或单独、或集体依照其良心行事。信仰自由的权利,奠基于人格尊严的本身,这项人格对信仰自由的权利,在社会法律的制度中应予确认,并成为宪法之外其他基本法律的保护内容。

(二)中国宗教自由的法律规定

宗教信仰自由是基本人权,这一点已经为国际社会所接受,中国宪法的规定与《世界人权宣言》以及《公民权利和政治权利国际公约》的规定在内涵方面没有本质区别。只是《世界人权宣言》和《公民权利和政治权利国际公约》均提及宗教信仰自由包括"单独或集体、公开或秘密地以礼拜、戒律、实践和教义来表明他的宗教或信仰的自由",而中国宪法并未具体规定宗教信仰自由具有上述内涵,但也没有作出相反的规定。

中国现行宪法对宗教信仰自由的保障主要有以下几个方向:

第一,不得强制公民信仰宗教或者不信仰宗教。宪法第三十六条明确规定:"中华人民共和国公民有宗教信仰自由。任何国家机关、社会团体和个人不得强制公民信仰宗教或者不信仰宗教,不得歧视信仰宗教的公民和不信仰宗教的公民。"可见中国宪法保障的宗教信仰自由,包括信仰宗教和不信仰宗教,其核心是自愿即意思自治。"任何国家机关、社会团体和个人"负有不妨碍宗教信仰自由的消极义务,不得强制他人信仰宗教或不信仰宗教或信仰特定的宗教。不得歧视信仰宗教的公民或者不信仰宗教的公民。

从法律上讲,"不歧视"的领域涉及社会生活的所有层面,包括人格尊严、受教育、社会保障、就业、参与国家事务等。就目前中国相关法律法规的规定以及遵循的原则看，禁止宗教歧视的意图是明显的。

第二，信教公民和不信教公民、信仰不同宗教的公民应当相互尊重、和睦相处。这里的"相互尊重"，包括对宗教信仰行为不进行肯定或否定性价值判断，对宗教教义不进行优劣评价，对基于宗教信仰的生活方式和习俗不予排斥等。要实现"相互尊重、和睦相处"也并非易事。那种"非我族类，其心必异"的思维方式，与很多宗教信仰者看待持有其他信仰的宗教信徒或无神论者的固有观念实质上是很相似的，对那些在宗教信仰上与自己有歧异之分的人，即所谓的"异教徒"，宗教信仰者们往往会产生心理上本能的排斥、防御甚至是敌对的反应，这并不奇怪。而要提倡不同宗教实体间的和合共处，首先就要克服乃至真正从个人内心中摒弃这种宗教信仰上的天然敌意。而尊重其他宗教，就包括尊重其他宗教的教义、历史及相关的经典和文化景观等。

第三，不得利用宗教进行破坏社会秩序。社会秩序是所有国家的法律所保障的法律价值，也是国际人权公约和绝大多数国家的宪法和法律允许作为限制宗教信仰自由的法律依据之一。实际上，法律保障宗教信仰自由对社会秩序的稳定不仅不会产生威胁，反而会因为宗教对仁慈、善良、宽容的褒扬，得到进一步的巩固。因此"不得利用宗教破坏社会秩序"的本意，并非强调宗教信仰自由的危险，而是着眼于对"利用宗教"或"以宗教为借口"的恶意行为的防范与制裁。不得利用宗教损害公民身体健康，不得利用宗教妨碍国家教育制度。

中国与世界许多国家和地区一样，实行宗教与教育分离的原则，在国民教育中，不对学生进行宗教教育。教育尤其是国民教育，应当为受教育者的综合、全面发展提供机会和条件，应当在思想、信仰和良心方面，为受教育者创造宽松、自由和多元的环境，如果宗教因素过多地介入国家的教育制度尤其是国民教育制度，就可能使受教育者无法享受教育自由带来的益处。

第四，不得利用宗教损害国家利益、社会公共利益和公民合法权益。宪法第五十一条明确规定："中华人民共和国公民在行使自由和权利的时候，不得损害国家的、社会的、集体的利益和其他公民的合法的自由和权利。"

第四节　公民的平等权

一、如何理解平等权

近现代意义上的平等权产生于17、18世纪资产阶级反抗封建特权的斗争中,这个时期资产阶级政治思想家们提出了"法律面前人人平等"的口号,并将平等权与生命权、自由权、财产权列为四大天赋人权之一。平等的愿望和诉求,植根于人性深处,是人类反对一切压迫、剥削、奴役制度的动力。不平等的对待给人以强烈的非正义感,其实质是对人的尊严的侵犯。如果我们用历史的眼光去回溯宪法的变迁,就不难发现宪法的历史在很大程度上是一部关于平等权逐渐扩大的历史。

（一）平等权的宪法规范

新中国成立初期,曾起临时宪法作用的《共同纲领》中规定了男女平等和民族平等。1954年第一部社会主义宪法明确规定了"公民在法律上一律平等"。然而,在极"左"思想路线的大背景下,平等权的法律规范被视为资产阶级的法律原则而受到批判,并在1975年与1978年的宪法中取消了这一规定。随着对"文化大革命"的拨乱反正,1978年中共十一届三中全会公报重申:"要保证人民在自己的法律面前人人平等,不允许任何人有超于法律之上的特权。"1982年宪法恢复了公民平等权的内容,明确规定:"中华人民共和国公民在法律面前一律平等。"

我国现行宪法中,既有关于人人平等的原则性规范,也有关于民族平等、性别平等、政治权利平等的具体权利内容;既有对平等权的正面保障,又有侧面地禁止歧视。宪法第三十三条第二款规定:"中华人民共和国公民在法律面前一律平等。"这是对平等权的一般性规定。除了该一般性规定之外,宪法中还有以下六类具体性的规定:(1)第三十三条第四款规定:"任何公民享有宪法和法律规定的权利,同时必须履行宪法和法律规定的义务。"即公民平等享有权利与履行义务的规定。(2)第五条第五款规定:"任何组织或者个人都不得有超越宪法和法律的特权。"即反对特权的规定。(3)第四条第一款规定:"中华人民共和国各民族一律平等。国家保障各少数民族的合法的权利和利益,维护和发展各民族的平等、团结、互助关系。禁止对任何民族的歧视和压迫,禁止破坏民族团结和制造民族分裂的行为。"即民族平等的规定。(4)第四十八条规定:"中华人民共和国妇女在政治的、经济的、文化的、社会的和家庭的生活等各方面享有同男子平等的权利。国家保护妇女的权利和利益,实行男女同工同酬,培养和选拔妇女干部。"即男女性别平等的规定。(5)第三十四条规定:"中华人民共和国年满十八周岁的公民,不分民族、种族、性别、职业、家庭出身、宗教信仰、教育程度、财产状况、居住期限,都有选举权和被选举权;但是依照法律被剥夺政治权利的人除外。"即公民政治平等权的规定。(6)第三十六条第二款规定:"任何国家机关、社会团体和个人不得强制公民信仰宗教或者不信仰宗教,不得歧视信仰宗教的公民和不信仰宗教的公民。"即宗教信仰平等权的规定。在这些宪法性规范之下,我国还有众多特定领域下的平等权规范,比如《未成年人保护法》、《妇女权益保障法》、《残疾人权益保障法》等;又如《就业促进法》中对公民平等就业权的专门保护等等,从而构成了在宪法规定之下又有普通法规范平等权的完善法律体系。

通观宪法,我们并未直接发现"平等权"或者"平等保护"的字样。平等权既是我国宪法上的一项基本原则,也是公民一种基本权利:对于国家而言,平等是一项原则,它要求国家在立法、执法与司法等各个环节中必须贯彻宪法中平等的精神并平等地保护不同的公民,不得歧视任何公民,例如宪法明确禁止的性别歧视、民族歧视、宗教信仰歧视等;对于公民来说,平等又是一种基本权利,公民个人可以向国家提出平等保护的诉求,国家赋有保障和救济的义务,当平等权受到侵害或者不能实现之时,平等保护措施的采取理应是国家应尽的职责。①

从我国平等权的宪法规范可以看出,平等权是平等价值经过宪法确认所形成的基本权利范畴,主要有以下三个方面的内涵:所有公民平等地享有宪法和法律规定的基本权利,且平等地履行法定义务;国家平等地保护公民的基本权利,对违法行为一律依法予以追究;任何组织和个人不得有超越宪法和法律的特权。与宪法中的其他自由权相比,平等权在宪法基本权利体系中具有一定的超越地位,其本身并不包含某项具体的权利内容,平等权依托于自由权之

---

① 参见马岭:《宪法中的平等权》,《中国宪法年刊》(2006),法律出版社2008年版,第57—71页。

上,若一项"权利"本身不存在,则也就谈不上"平等"问题了。平等权并不创设任何权利,它更多的只是一种权利的保护方式,平等权只有与其他具体权利相结合时才有实际意义。例如,平等权映射到教育权领域,则体现为公民平等受教育权;当平等权延伸到经、社、文领域,那就可以转述为平等劳动权与获得报酬的权利、平等经营权以及平等地获得国家物质帮助的权利等等。同时,权利与义务是对等的,任何一项权利一定程度上指向某些领域的义务。那么,作为公民一项宪法基本权利的平等权对应着谁的义务呢? 宪法规定的平等权对应的是国家责任,即国家必须确保其公民平等地享有人格尊严和其他基本权利。因此,平等权约束的对象主要是公共权力机关,要求它们在立法、执法与司法过程中同等地对待每一位公民,且在某些领域采取积极行动以消除实际上的不平等。公民个人主要是平等权的保护对象,而不是约束对象。公民个人或私营企业能够作为平等权的约束对象,承担平等对待他人的义务,这取决于公权力能否介入干预该领域及其与公共利益的关联程度。在贫困的农村地区父母有时会无奈地让姐姐辍学打工供弟弟读书,我们不能追究父母性别歧视的法律责任,而只能强化姐弟之间同等受教育的权利和政府提供义务教育的条件。有过找工作经历的人都知道,企业在招聘启事中经常出现性别、年龄、户口等方面的限制条件,但现有的法律也未对其进行平等权的审查,因为这属于企业自主经营权的一部分。①

(二)平等权的辨析

1.法律适用上的平等与法律内容上的平等。"法律面前人人平等",是仅指遵守法律和适用法律上的平等,还是也包括公民遵守和适用的法律本身也必须是平等的呢? 这就涉及到平等权的范围问题,即平等权是否包括法律内容上的平等,平等权可否约束立法者。传统观念认为,我国法律是党的主张和人民意志的统一,具有阶级性,人民与敌对分子和敌对势力在立法上不可能讲平等的,"法律面前人人平等"讲的仅仅是公民在法律适用上的平等,这种理论被称为"法律适用平等说"或者"立法者非约束说"。但是,如果仅承认法律适用上的平等,倘若现实中存在种族歧视、性别歧视的法律,无论如何平等地适用这些法律,都不可能实现真正的种族平等、性别平等。因此,尽管宪法中

---

① 　参见朱征夫:《公民的权利》,法律出版社 2006 年版,第 87 页。

未明确规定平等权能否约束立法机构,但从现代法律文明、立法理念以及平等权的发展趋势来看,平等权也应约束立法机构,即立法机构制定的法律本身也不得违背平等权原则。承认平等权约束立法机构的主张,被称为"法律内容平等说"或"立法约束说"。"中华人民共和国公民在法律面前人人平等",如果仅仅从字面意义上解释该条文,人们往往容易将其理解为仅指法律适用上的平等。人们所谓的立法上的不平等,可能是对宪法第三十四条"但是依照法律被剥夺政治权利的人除外"的但书的误解。尽管选举权平等原则不适用被剥夺政治权利的人,但这部分人在数量上只占极少数,且完全可以通过"少数服从多数"的民主原则将他们这部分人的意志排除在法律之外,并不能构成否定"立法平等"的充分条件。因此,我国宪法中的"法律面前人人平等"也应包括法律内容上的平等,且我国也有相关方面的立法实践,比如《妇女权益保障法》、《残疾人保障法》、《监狱法》、《传染病防治法》以及《未成年人保护法》对于女性、残疾人、刑满释放人员、传染病病原携带者以及未成年人等特殊群体的平等权保障作出了专门规定。

2.形式平等、实质平等。形式平等是近代宪法所确立的原则,也被称为"机会平等"或"机会均等",它是指个人作为抽象的人或者一般意义上的人,都是一个独立、自由且有理性思维能力的人格主体,他们在法律上都是平等的。这种形式上的平等,抽离了单个个体在禀赋等先天性及社会地位等后天性的差异,他们在法律资格上都是平等的。然而,"人人生而平等"只是人类的一种美好愿望,人类从来就没有真正地平等过,个人先天性及后天性的差异决定了每个人在社会上的实际情况是不同的,人类在事实上是不平等的。"天赋异禀"的人也不胜枚举,比如爱因斯坦的大脑重量是普通人大脑的两倍,列宁遗体解剖时发现他有两个小脑。如果无视人的这种差异性,任由他们平等自由地发展必然会造成"弱肉强食"、"强者越强,弱者越弱"的局面。于是,作为对形式平等进行修正和补充的实质平等便应运而生,它要求依据每个人的不同属性采取不同的方式,对作为个人的人格发展所必须的前提条件进行实质意义上的平等保障。实质平等强调对人群的分类,通俗而言就是指"相同情况同等对待,不同情况差别对待"。平等的内涵有两点,即无差别和按比例:"无差别"是不论人们之间是否存在事实上的差别,但只要他们是共同体的一员,就应该平等地无差别地享有一些基本权利,这是一种绝对的形式平等;"按比例"则首先承认人是有差别的,应当根据个人的不同情况给予区别对待,给先天的弱者予扶持,这是一种相对的实质平等。需要注意的是,实质平等只是为了弥补形式平等造成的事实上不平等,并不是完全取代形式平等,它们各有自身所侧重的领域。一般来说,形式平等原理仍然可以适用于对精神、文化活动的自由、人身的自由与人格的尊严乃至政治权利等宪法权利的保障。然而,实质平等的原理则主要适用于以下两种情形:第一,在权利的主体上,男女平等、人种平等和民族平等的实现,就是实质上的平等原理所期待的客观结果;第二,在权利的内容上,实质上的平等原理则主要适用于对社会经济权利的保障,其目的在于使经济强者与经济弱者之间恢复法律内在地所期待的那种主体之间的对等关系。

我们可以用一场跑步比赛来比喻形式平等、实质平等与结果平等:在有各种人都参与的情况下,形式平等强调的是所有参赛选手必须都在同一起跑线上,不管男女老少,无论强壮或残疾;实质平等强调正视参赛选手在跑步能力上的差异的前提下,采取分组的比赛方式,即可依据性别、年龄及身体特征等区分为男子组、女子组、残疾人组等等;结果平等则是指不管他们在性别、年龄、身体状况以及起跑线的不同,而要求所有的参赛者必须同时到达终点。从上面的举例中可以看出,实质平等的核心在于如何界定分类,即何种分类为合理的差别对待,这就涉及到平等权的审查标准。

二、平等权的审查标准及其保护机制

(一)平等权的审查标准

平等权绝不能简单地等同于平均主义,即所有人都一样。平等权的核心在于"相同情况同等对待,不同情况差别对待",国家为了某些正当的理由或者令人信服的公共利益,可以采取某些区别对待的措施,其反对的只是"不合理的差别对待"。那么,何为"合理的差别对待"?"差别"其实是依据人或事物的某些属性对其进行的分类,其分类标准是否合理,则直接关系到该种差别是否合理。不合理的分类标准,又称为禁止性差别事由,宪法或法律禁止了的分类标准。比如我国现行宪法第三十四条规定,"中华人民共和国年满十八周岁的公民,不分民族、种族、性别、职业、家庭出身、宗教信仰、教育程度、财产状况、居住期限,都有选举权和被选举权"。也就是说,我们不能依据上述九

种理由对公民的选举权与被选举权作出差别对待。推而广之,其实上述九种
事由,也可以视为我国宪法上一般的禁止性差别事由。①"合理的差别"指的
是具有合理依据及一定合理程度的差别,即该差别对待的依据不属于禁止性
差别对待事由,且差别对待的程度没有超过目的之所必要。从形式平等的角
度看,它所承认的合理差别的主要依据是能力、德行和业绩。尽管我们禁止依
据民族、种族、性别、年龄等进行的差别对待,但我们却不反对依据个人的能
力、德行和业绩对人进行差别对待。企业可以根据员工的工作能力实行绩效
工资,学校可以选择录取品学兼优的三好学生,上级机关也应该提拔德能兼备
的公务员等等,这些都不是形式平等所反对的差别对待。如果我们无视个人
在能力、德行和业绩上的差异,而强调一律同等对待的话,这就属于绝对的平
均主义,只会给社会造成"更大的恶"。

从实质平等的角度看,合理差别主要可以分为以下几种:第一,依据年龄
差异的合理差别,比如规定只有18周岁以上的公民才可享有选举权与被选举
权,国家主席必须在45周岁以上,婚姻法规定的法定结婚年龄为"男不得早
于22周岁、女不得早于20周岁"等等;第二,依据生理差异的合理差别,比如
对男女劳动者的分类,规定女性的产假以及不得从事某些特殊的工种,对女性
的优厚保护,以及对未成年人、老年人、残疾人等实行特别的优待等等;第三,
依据民族差异的合理差别,比如我国对少数民族在教育、就业、担任国家公职、
计划生育以及经济发展等方面,给予优厚待遇;第四,依据经济能力、收入状况
的差异的合理差别,比如个人所得税征收实行累计计税制,对高收入者征收更
多的个人所得税等等;第五,对特定主体的权利限制或者赋予一定的特权,前
者我们主要讲的是对公务员、明星等公众人物隐私权、名誉权等一些人格权利
的"弱保护",他们在社会中一般都处于有利的地位,且需要接受社会公众更
多的监督,而对他们这些权利的侵害认定应遵循严格标准;后者比如为了保障
人大代表更好地履行职责,赋予他们在履行职务过程中的一些特权,如全国人
大代表未经全国人大主席团或常委会批准不受逮捕的特权;第六,根据特定职
业需求对任职资格所采取的合理限制。② 比如,法官法、检察官法、警察法、医

① 参见林来梵:《宪法学讲义》,法律出版社2011年版,第284页。
② 参见邢益精:《论合理的差别对待——宪法平等权的一个课题》,《政治与法律》2005年
第4期。

师法、教师法等法律,对担任这些职业的人要求他们满足所任职务在年龄、文化程度以及专业技能上的条件。何为"合理差别对待",仅仅知道上述简单的列举,并不能适应流变的社会现实,难免陷入"骑驴找马"的尴尬境地。因此,当公民平等权遭受侵害时,我们如何获得及时救济,法院如何审查一项措施或者立法是否符合平等保护的要求呢?

(二)平等权的保障机制

从众多国家的宪法来看,平等权的保障机制主要有两种:一是从正面强调法律的平等保护,宪法规范明确宣告平等权,并辅以违宪审查和宪法诉讼制度来直接规定和维护平等权。另一种方式是从平等权的反面,即禁止"歧视"的角度来保障平等权。禁止歧视要求国家通过专门的反歧视部门法或分散在其他法律中的反歧视条款来落实宪法平等权。在我国的法律体系中,宪法第三十三条规定了一般性的平等原则,同时我国现行法律规范中有 300 余个条文涉及到歧视问题。我国虽然没有制定颁布专门的反歧视部门法律,但是却有着众多的散见于其他法律中的反歧视法律条款。

由于我国尚未建立独立的司法审查制度,宪法尚不能进入司法领域,宪法中的平等权规范也不可能成为公民提起诉讼的独立诉由,司法实践中尚没有出现平等权的宪法诉讼及其他普通的民事或行政诉讼,而是通过某些反歧视性的规定寻求法律的平等保护。[1] 更为重要的是,现阶段,仅仅主张反歧视,这并非我国法院认可的立案事由,反歧视案件在司法实践中通常以劳动合同、财产权、隐私权、一般人格权纠纷等事由出现。

第五节　公民的政治权利

一、选举权与被选举权

(一)选举的基本知识

选举权属于公民参政权的一种。选举权被视为现今代议政治形成的重要

---

① 参见李成:《平等权的司法保护——基于 116 件反歧视诉讼裁判文书的评析与总结》,《华东政法大学学报》2013 年第 4 期。

基础,同时也是民主真正得以落实的基本条件。广义上的选举权实际上还可以分为"选举权"与"被选举权"。所谓"选举权"是指公民透过选举制度直接选出民意代表或行政首长的权利。"被选举权"则是公民被选为民意代表或行政首长的权利。

选举权,既是主观权利,又是客观规范。作为主观权利,选举权具有给付和防卫的功能,选民得请求国家提供选举所必要的组织和程序、所必需的设施、一定的经费和信息,排除公权力不当干扰选举权的行为。作为客观规范,选举权体现为国家的保障义务,包括制度性保障、程序与组织保障上的保护义务。选举权的保障范围,有人和事两个要素。人的要素指选举权的主体,在理论上有必要区分选举权主体的权利能力和行为能力。事项的要素指受选举权保障的行为方式、法益、特性及状态等事项。

选举权为公民行使民主权利的根本途径。无论直接选举还是间接选举,大多数人对于众人之事,往往因为无时间、无能力、无经验或无兴趣亲自去参与,不得不假手于所选出的代表去负责办理。选举虽不是确定和测验统治者政治智慧的一种科学方法,但却是民主的方法和施行民主的一个重要途径。选举权虽是以个人为行使的单位主体,但其影响,则有社会性。选民投票与否,影响选举的结果;选投何人,影响于公共事务;选举的成败,影响于民主的前途。现代民主法治国家对于选举,无不重视,并力求使其制度化,因而有各种选举制度。就选民来说,选举是一种法律行为或制度化的政治行为。就选民投票来说,则称为投票行为。

我国现行宪法第三条第二款规定:"全国人民代表大会和地方各级人民代表大会都由民主选举产生,对人民负责,受人民监督。"第三十四条规定:"中华人民共和国年满十八周岁的公民,不分民族、种族、性别、职业、家庭出身、宗教信仰、教育程度、财产状况、居住期限,都有选举权和被选举权;但是依照法律被剥夺政治权利的人除外。"

选举应以普遍原则、平等原则、直接原则及无记名投票原则的方法进行的,但除了这四个原则外,还应包括自由原则。

所谓普遍原则是指选举权与被选举权为每个公民所享有,除非该公民不符合我国相关法律所规范的积极与消极条件,不然均不可剥夺其选举权。所谓积极条件,例如:选举权最低年龄为18周岁、需要具备中华人民共和国国籍等;而消极条件指的是不得为法院判定为被剥夺政治权利。

所谓平等原则是指公民在行使选举权投票选出相关公职人员时,每人一票,每一票价值相等的原则。不因每个人的出生、身份、种族、性别等不同而出现差异性。另外在被选举权方面即着重在机会平等,这是体现政治平等最具体最实际的制度。平等选举权是基于人格平等和民主历程以个人为计算单位的原则。我国宪法中对女性、少数民族等群体的选举权进行保障,其并不违背选举的平等原则,而是在一定的发展阶段内强调实质平等的制度设计。

所谓直接原则是指在选举基层公职人员时是实行直接选举的方式。直接选举相对于间接选举而言。所谓间接选举是指公民投票结果不直接决定公职人员选举的结果,而是透过中介机关投票决定。至于直接选举即不需透过中介机关,公民直接透过投票就可以决定公职人员候选人是否当选。

所谓无记名投票原则亦称之为"秘密原则",即在投票进行的过程当中保持无记名的方式,使得他人不得探究选票的内容,其旨在确保选举自由的实现,意即公民有权利选择投票或不投票及选择任何候选人的自由,以避免外力的干预。无记名投票原则仅在保障投票过程中的秘密,选举前与选举后则不在此限。

所谓自由原则意指公民行使选举权有相关的自由权利不得侵犯,包括有选举或不选举的自由,以及自由选择任何候选人担任公职的权利。

(二)选举的政治功能

现在世界上大多数国家,都定期举行选举,选举已成为公民最普遍的政治参与方式,被认为是公民直接影响政府与政策的主要方法,代表民主理念具体的实现,因此具有非同一般的重要性。

政治参与是民主法治国家的构成要件之一,其方式有很多种,但选举无疑是最重要的一种。选举是公民选择政治领袖、影响公共政策的重要途径,也是政府合法性的根源。而投票则是选举过程的最高潮阶段。投票的活动是根据个人的选择达到集体决定的方法。投票的结果决定了政府人事,表示了选民对政府政策与行动的支持程度。所以在民主国家里,投票行为是连接政府行动与公民抉择的一种方式,对国家的政治发展影响深远。

政治参与,即选举提供政治参与的机会和管道,由于政治参与是在任何真正的民主体系中不可或缺的,因此选举虽然不是政治参与的唯一方式,却是最有效的方式之一。选举能够在政治上实现众多功能,如合法性,政治稳定,整合、认同、同化,接近、忠诚维持、承诺和动员等。

由于投票行为是公民广泛参与政治事务的一种方式,因此,作为政治参与形式的投票行为便成为被广泛讨论的议题。投票固然是民主政治的基本体现,但是民主制度运作重要的基础,应是公民能够对于公共政策进行公开、理性的思辨与讨论,而非仅限于选举投票的参与行为。在民主政治中,公民不能仅是因为拥有选举权而止步不前,而是必须要拥有足够的知识、教育与经验,才能充分行使其投票选举权。

(三)选举的法律规范

选举是民主管理的最常用工具,不管是政府大选,还是普通社团,选举都是统一共识和化解分歧的最有效方法。而选举中最重要的是人的因素,选举权和被选举权虽然常见于各种社区组织和社会团体中,但在我国却仅属于政治权利范畴,并对该权利进行立法,对各级政府权力机构的选举运作进行规范。

法律意义上的选举权,指的是公民享有的选举国家政权机关组成人员的权利。它是公民的基本政治权利。现行宪法第三十四条规定:"中华人民共和国年满十八周岁的公民,不分民族、种族、性别、职业、家庭出身、宗教信仰、教育程度、财产状况、居住期限,都有选举权;但依照法律被剥夺政治权利的人除外。"也就是说,具有中华人民共和国国籍、享有政治权利、符合法定年龄,只要具备了这三个基本条件,并履行了相应的法律手续,就可以享有选举权和被选举权。

《中华人民共和国全国人民代表大会和地方各级人民代表大会选举法》对公民如何行使选举权和被选举权作了原则、程序和方法的规定。主要规定有:(1)每一选民在一次选举中只有一个投票权。(2)选民登记按选区进行,不能行使选举权利的精神病患者,不列入选民名单。选民名单在选举日的二十天以前公布,对选民名单有不同意见的,可以向选举委员会提出申诉。选举委员会对申诉意见,应在三日内作出处理决定。申诉人如果对处理决定不服,可以向人民法院起诉,人民法院的判决为最后决定。(3)各政党、各人民团体,可以联合或者单独推荐候选人。选民或者代表,十人以上联名,也可以推荐代表候选人。(4)选举一律采用无记名投票的方法。选民如果是文盲或者因残疾不能写选票的,可以委托他信任的人代写。选举人对代表候选人可以投赞成票,可以投反对票,可以另选其他任何选民,也可以弃权。选民如果在选举期间外出,可以书面委托其他选民代为投票,但事先须经过选举委员会同意。(5)选民或者选举单位都有权罢免自己选出的代表。

二、监督权
(一)揭开监督权的"面纱"

法国著名思想家孟德斯鸠在《论法的精神》中讲道:"一切有权力的人都容易滥用权力,这是万古不易的一条经验。有权力的人使用权力一直到遇有界限的地方才休止。""因此,要防止滥用权力,必须以权力约束权力。"英国阿克顿爵士也曾言道:"权力导致腐败,绝对的权力导致绝对的腐败。"监督主要包括两个方面:一是权力制约权力,另一则是权利监督权力。孟德斯鸠从分权制衡原则出发,强调国家公权力机关之间的监督与平衡,比如在我国,人大对政府的监督,检察院、法院、公安机关之间的相互监督。但若从公民宪法基本权利的角度上讲,监督权主要涉及的乃是公民及其团体对国家公权力的监督,是公民政治权利中一项非常重要的权利。

在我国,人民当家作主的民主政治体制赋予了公民监督国家机关及其工作人员的权利。现行宪法第四十一条规定:"中华人民共和国公民对于任何国家机关和国家工作人员,有提出批评和建议的权利;对于任何国家机关和国家工作人员的违法失职行为,有向有关国家机关提出申诉、控告或者检举的权利,但是不得捏造或者歪曲事实进行诬告陷害。对于公民的申诉、控告或者检举,有关国家机关必须查清事实,负责处理。任何人不得压制和打击报复。由于国家机关和国家工作人员侵犯公民权利而受到损失的人,有依照法律规定取得赔偿的权利。"据此,我国公民监督权的权利谱系中主要包括六项子权利,即批评权、建议权、申诉权、控告权、检举权及获得赔偿权。批评权是指公民对国家机关和国家工作人工作中存在的缺点和错误,有提出意见和要求改正的权利;建议权是指公民对国家机关和国家工作人员的工作有提出建设性意见,并要求改进工作的权利;申诉权是指公民的合法权益因国家机关作出违法的决定或裁判而受到侵犯和损害,公民有向有关国家机关申述理由,要求其重新处理的权利;控告权是指公民对任何国家机关和国家工作人员的违法失职行为,有向有关国家机关进行揭发和指控的权利;检举权是指公民对违法失职的国家机关和国家工作人员,有向有关国家机关揭发犯罪事实、滥用职权的事实,要求依法追究法律责任的权利;获得赔偿权是指国家机关和国家工作人员违法行使职权侵犯公民合法权益造成损害时,受害人有取得国家赔偿的权利。

公民在行使监督权的过程中,往往会与其他权利产生交集。比如,公民向国家机关及其工作人员提出批评、建议、申诉、控告与检举时,也是公民在行使其在政治领域中表达自由权的一种形式。同时,公民监督权的具体子权利之间也存在一定的差别,比如控告权与检举权相比较,前者中的控告人一般为违法行为的受害人,控告的目的有维护合法权益的内容;检举人与违法行为之间不一定有直接的利害关系,检举的目的是为了维护公共利益。同时,若从权利义务相对应的角度看,公民监督权则可对应于国家某项义务,即国家负有不得恣意干涉、侵犯公民监督权的消极义务和采取积极措施保障公民监督权实现的积极义务,宪法第四十一条第二款规定,"对于公民的申诉、控告或者检举,有关国家机关必须查清事实,负责处理。任何人不得压制和打击报复",即是对国家积极保障义务的规定。

（二）监督权的行使方式

从公民监督权的宪法规范来看,我国宪法并未限制公民监督权的范围,其监督范围似乎涉及国家机关及其工作人员履行职责过程中的绝大多数行为。监督范围的广泛性,决定了公民行使监督权方式与途径的多样化。为了论述的方便,我们不妨将公民行使监督权的方式简单地划分为制度化的行使方式与非制度化的行使方式。

制度化的监督权行使方式,主要是指那些通过现行的法律法规已经建立起制度化、系统化且相对比较成熟的行使方式,具体包括司法化的行使方式与非司法化的行使方式。司法化的行使方式,这与公民获得司法救济的权利存在一定的重合,主要有诉讼、仲裁、行政复议与调解等手段。比如三大诉讼法中的再审程序,就是对公民申诉权的制度化表达,即诉讼当事人或者其他公民对已经发生法律效力的判决或裁定认为有错误的可以依法向司法机关提出申诉请求重新处理;行政复议、行政诉讼制度,详细地规定了行政相对人对行政机关及其工作人员违法失职行为有权向有关部门申请行政复议或向法院提起行政诉讼的具体程序与步骤及相应的法律后果。非司法化的行使方式,主要指公民通过非司法化的途径行使监督权,如信访制度。非制度化的监督方式,是指尚未通过国家法律体系建构起完善的制度化的监督方式,现在主要表现为网络监督。随着现代通信技术的发达,网络的开放性、广泛性、快捷性、灵活性、即时性、隐蔽性与安全性等优点,使得网络日益成为公民表达个人观点、形成社会舆论并发展成为公民行使监督权的重要形式。但是网络在具备上述优点的同时,也因其失范性、盲目性等缺点,也易成为侵犯公民隐私权、名誉权等权利的载体。因此,公民通过网络行使监督权时,必须遵守有关法律法规,"不得捏造或者歪曲事实进行诬告陷害",不得侵犯其他公民的合法权利和社会公益。也就是说,公民所享有的监督权,也有其一定的"疆域"。

(三)监督权行使的限制

我国现行宪法第四十一条第一款但书规定,"但是不得捏造或者歪曲事实进行诬告陷害"。这说明,公民行使监督权,也要受到一定的限制,即不得捏造或者歪曲事实进行诬告陷害。但是,在主张一定程度上限制公民监督权时,必须警惕将这种限制在实践中流变为对公民行使监督权的打击与报复。

公民通过媒体举报官员违法违纪行为,本是监督权的应有之义,但若出现宪法第四十一条第一款但书"捏造或者歪曲事实进行诬告陷害"之规定的情形,则会因侵犯官员个人名誉权而触及刑法第二百四十六条侮辱罪、诽谤罪之刑事犯罪。这里就涉及到公民监督权与官员个人名誉权之间的冲突,即批评官员的尺度何在? 公民行使监督权的行为,在何种情况下方可认定为对国家公职人员名誉权的侵犯? 从法理上讲,公民和媒体的言论自由和舆论监督权利与政府官员或政府机构的名誉权之间的冲突,不应看做私人之间或私权利与私权利(是指个人的生命、财产、自由,以及人格权、名誉权、隐私权、知识产权等)的冲突,而应看做公民的公权利(特指公民与媒体的政治权利,包括知情权、表达权、参与权、监督权等)与政府的公权力的冲突,其实质是监督与被监督的公法关系。国家公职人员作为公众人物且代表公共利益,其公务活动有义务接受舆论监督。由于舆论监督不仅涉及公民监督权的行使,更涉及公民言论自由、新闻自由等基本权利,国家公职人员的名誉权与舆论监督权相比,前者应保持必要的克制义务,即必须在认定侵犯公务人员名誉权上遵守更严格的标准。同时,舆论监督权的行使,也必须遵守"不得捏造或者歪曲事实进行诬告陷害"的规定。

第六节　公民的经济、社会、文化权利

一、财产权
(一)宪法中的财产权概念

宪法中关于的财产权概念要比私法中财产权的概念内容更加广泛。私法中的财产权在狭义上仅指所有权,是对实物的支配性权利,是自然人或法人对财产具有的占有、使用、处分以及受益的权利。宪法中的财产权除了包括私法中的财产权意涵外,还包括所有的物质性权利、占有权和具有财产价值的身份权和社会权利,知识产权、开办和经营商业活动的权利等。宪法上的财产权更注重强调财产权的价值保障而不仅仅是物质利益的保障。如果说私法中对于财产权的侵害主要来自于其他自然人或法人的话,对宪法上的财产权的侵害则主要来自于国家的公共权力,如征收、征用等公法上的行政活动。

(二)宪法上的财产权保障

财产权自近代民主法治国家发端就在宪法或宪法性文件中被定为人权保障的核心,与对生命权、自由权的保障具有同等重要性。财产权最初被视为一种消极权利,即国家有不干预和不侵犯的义务。这种国家绝对消极的权利定位经由工业革命以及资本主义体系化进程的出现逐渐改变。对于身无恒产而必须以劳动力换取日常生活所需的人们而言,财产权的保障实无意义可言,因为他们并无实体财产,仅以劳动生产力维持生存。财产权绝对不可侵犯原则,造就资本经济的高度发达,并繁荣世界的自由经济,然而过分尊重私有财产与交易自由的结果,形成财富集中、贫富分化的偏畸现象,让现代国家陷入平等困局。对财产权绝对不可干预的理念在时代客观情境下被要求重新定位。这就是财产权的社会责任理论的前身。

20 世纪后,各国宪法的财产权观念发生改变,对私有财产与交易自由的限制成为 20 世纪宪法的主要现象之一。20 世纪宪法为使个人利益与社会利益相调和,一方面仍承认私人的私有财产权,以保护个人利益;同时又不得不在相当范围内,对于私有财产权加以限制,借以实现社会利益。在现代宪法中,除了重视财产权的社会义务性,而予以限制外,更为避免人权沦为虚伪不实在,甚至演变为保障强者压榨弱者的自由,形成弱肉强食的社会,因此必须将财产权与其他人权加以调整,尤其是"社会权"。这种趋势,在第二次世界大战后更为明显。借由宪法保障生存权、环境权、教育权、劳工基本权等社会权,使国家有义务提供特定弱者的基本生存条件,更使国家可依人权相互调整的原理,积极介入国民的经济活动,对财产权的运作予以适当的法规限制。

保障宪法财产权的目的在于,确保财产权人能拥有其财产,确立和维护其自由。宪法上的财产权在法律结构上是以"具有私自使用性"和"原则上的处分权"为表征的。财产权保障,必须取得权利的人始能享有,因而财产权保障涉及两个面向:第一,针对立法者,要求其以合乎宪法的方式来形成私有财产制度,这个称为"财产权的制度性保障";第二,对所有国家公权力,要求其尊重所有个体取得的具体财产地位,以防范来自于国家公权力不法侵犯公民财产权利,此为"财产权的个别性保障"。

新中国成立后,自1954年以来的每部宪法中都将私有财产权规定在总纲(经济制度)中,1957年宪法、1978年宪法和1982年宪法都明确将财产限定为"劳动收入、储蓄、房屋和各种生活资料的所有权"。现行宪法经由多次修改,逐步加强对私有财产权的保护,2004年宪法修正案意味着私人财产权保护的完全确立。

现行宪法对私有财产的保护集中在第十三条,即"公民的合法的私有财产不受侵犯。国家依照法律规定保护公民的私有财产权和继承权。国家为了公共利益的需要,可以依照法律规定对公民的私有财产实行征收或征用并给予补偿"。

征收和征用是国家对私人特定财产的强制方法。征收和征用不但针对私人财产的所有权,也针对私人财产的其他权利形式,甚至包括对财产使用的限制。由于宪法没有对国有化措施作出特别具体的规定,宪法条文中的征收和征用,应包括国有化。宪法规定征收和征用必须满足出于公共利益和依照法律规定这两个条件。但我国立法法第八条规定,对非国有财产的征收只能制定法律。该法第九条又规定,尚未制定法律的可以由全国人大常委会授权国务院先制定行政法规。关于征收和征用的补偿,宪法没有规定是采用事前补偿还是事后补偿、完全的补偿还是适当的补偿,立法者对此有权灵活处理。

征收被视为是国家权力的一种正当面向。过去三十多年的改革开放,特别是 20 世纪 90 年代以来城市化节奏加快的二十多年,中国社会不知上演了多少政府与钉子户的悲歌。政府对公民财产进行征收的理由主要是公共利益。但是现行宪法对此种目的性征收的宪法拘束较少受到关注和重视。与征收有关的宪法讨论,多半集中在征收的正当程序和征收补偿的合理性上。由于没有建立宪法违宪审查机制,关于财产征收的宪法问题无法直接交由法院解决。

但是,财产权毕竟是核心的宪法权利之一。人类历史上财产权的抗争与维护已经给出结论,财产权是个人对抗政府的最后堡垒,维护人的基本尊严和自由的经济根基。宪法应根据新时期的财产权特征和新问题做出积极回应。

二、劳动权和休息权

我国现行宪法第四十二条规定了公民的劳动权:"中华人民共和国公民有劳动的权利和义务。国家通过各种途径,创造劳动就业条件,加强劳动保护,改善劳动条件,并在发展生产的基础上,提高劳动报酬和福利待遇。……国家对就业前的公民进行必要的劳动就业训练。"第四十三条规定了公民的休息权:"中华人民共和国劳动者有休息的权利。国家发展劳动者休息和休养的设施,规定职工的工作时间和休假制度。"实际上,休息权是劳动权的一项子权利,是为了公民更好地实现劳动权而享有的权利。

(一)劳动权

劳动创造财富,以法的形式对财富创造者的权利进行保护,是现代文明的必然要求。劳动权是公民一项宪法性基本权利,意指公民享有的参加劳动并按劳动获取报酬等的一系列权利。在基本的个人自由和政治权利得到保障之后,劳动权或者工作权,就成为个人最重要的权利。这是因为,劳动权既是生存权,也是发展权,劳动不仅是公民获得财产的最基本途径,而且是公民实现自我价值和自我完善的基本方式。同时,公民劳动权的实现状况还关系到整个国家社会秩序的稳定、整体的文明程度和国家在经济上的竞争力。因此,各国宪法基本上都有保障公民劳动权的内容。

作为一种根本法上的权利宣誓和保障,加之劳动法、劳动合同法、工会法等具体部门法的具体化,现阶段我国劳动权主要包括以下几项内容:(1)劳动就业权,具有劳动能力的公民在法定劳动年龄内有参加社会劳动、获得劳动报酬或经营收入的权利,包括工作获得权、平等就业权和选择职业权。(2)劳动报酬权,劳动者通过从事各种劳动获得合法收入的权利。包括工资协商权、工资请求权和工资支配权。(3)休息休假权,劳动者依法享有的法定工作时间外休息和休假的权利。(4)劳动保护权,劳动者享有的、在劳动过程中获得安全与健康保护的权利,《劳动法》第六章专章规定了劳动安全卫生的内容。(5)职业培训权,劳动者享有的通过职业培训而获得从事各种职业所需的专业技术知识和实际操作技能的权利。(6)社会保险权,劳动者在暂时或永久丧失劳动能力和失业时,从国家和社会获得物质帮助的制度。(7)提请劳动争议处理权,《中华人民共和国企业劳动争议处理条例》第六条规定:"劳动争议发生后,当事人应当协商解决;不愿协商或者协商不成的,可以向本企业劳动争议调解委员会申请调解;调解不成的,可以向劳动争议仲裁委员会申请仲裁。当事人也可以直接向劳动争议仲裁委员会申请仲裁。对仲裁裁决不服的,可以向人民法院起诉。"(8)组织工会和参与民主管理权,劳动法第七条规定:"劳动者有权依法参加和组织工会。工会代表和维护劳动者的合法权益,依法独立自主地开展活动。"这一带有集体性质的劳动权,既是实现个人劳动权的手段,一定程度上也蕴含着公民政治权利和经济权利。

(二)休息权

我国宪法第四十三条第一款规定:"中华人民共和国劳动者有休息的权利。"休息权是指有劳动能力的公民在劳动过程中,为了保护身心健康,根据国家的宪法和法律的规定,享有的休息和休养的权利。与劳动权享有主体为一般公民不同,休息权的主体仅为劳动者,是劳动者在劳动之后消除疲劳、恢复正常的劳动能力所必须享有的一项基本权利。同时,劳动者享有一定的休息权,也是其行使政治自由权利、精神文化自由权利等的必要条件,试想一个整日工作的人,怎么也不会去投票,也没时间和精力去欣赏话剧或进行文学艺术创作。一个劳动者只有享有休息权,才会有一定的可供自己自由支配的时间。

为了保障劳动者的休息权,一方面国家或者公权力不能通过立法或者行政行为侵犯该权利,另一方面必须通过积极的措施为休息权的形式创造必要的条件,也即"国家发展劳动者休息和休养的设施,规定职工的工作时间和休假制度"。我国职工的工作时间和休假制度,主要规定在劳动法及相应的行政法规、部门行政规章之中,具体内容有:

1.关于工作时间的规定,劳动法第三十六条规定我国职工每日工作 8 小时,平均每周工作 44 小时,1995 年修订的《国务院关于职工工作时间的规定》将每周工作的时间缩短为 40 小时;每周至少休息 1 日;因劳动者与用人单位之间约定延长工作时间的一般每日不得超过 1 小时,因特殊原因需要延长工作时间的每日不得超过 3 小时,但每月不得超过 36 小时。

2.关于休假制度的规定,劳动法第四十条规定了元旦、春节、劳动节、国庆节以及法律、法规规定的其他节假日,每年年底国务院办公厅均会公布第二年节假日的具体调休安排,增加规定了端午节和中秋节。国家机关、事业单位每周周六、周日为法定的休息日,一般的企业也至少保障每周休息 1 日。劳动法第四十五条与 2008 年 1 月 1 日起实施的《职工带薪年休假条例》第三条具体规定了职工带薪年休假制度,具体休假时间计算办法:"职工累计工作已满 1 年不满 10 年的,年休假 5 天;已满 10 年不满 20 年的,年休假 10 天;已满 20 年的,年休假 15 天。国家法定休假日、休息日不计入年休假的假期。"同时,我国还存在寒暑假、探亲假、病假、事假等其他形式的休假制度,它们与带薪年休假存在一定的折抵关系。《职工带薪年休假条例》第四条规定:"职工有下列情形之一的,不享受当年的年休假:(一)职工依法享受寒暑假,其休假天数多于年休假天数的;(二)职工请事假累计 20 天以上且单位按照规定不扣工资的;(三)累计工作满 1 年不满 10 年的职工,请病假累计 2 个月以上的;(四)累计工作满 10 年不满 20 年的职工,请病假累计 3 个月以上的;(五)累计工作满 20 年以上的职工,请病假累计 4 个月以上的。"

3.关于延长工作时间时的报酬支付,劳动法第四十四条规定:"有下列情形之一的,用人单位应当按照下列标准支付高于劳动者正常工作时间工资的工资报酬:(一)安排劳动者延长工作时间的,支付不低于工资的百分之一百五十的工资报酬;(二)休息日安排劳动者工作又不能安排补休的,支付不低于工资的百分之二百的工资报酬;(三)法定休假日安排劳动者工作的,支付不低于工资的百分之三百的工资报酬。"

尽管我国规定了相对比较完善的休息权保障制度,但现实中,由于经济社会发展水平较低、劳资双方不对等的地位,以及劳动者与其集体组织(工会)维权意识的缺失,导致侵害劳动者休息权的现象较为普遍,比如超长工作时间、加班不按规定支付加班费等等,这些都需要国家公权力机关以及社会组织积极行动起来,切实保障劳动者的休息权落到实处。

三、教育权

教育权的涵义分为广、狭两个层面。就广义层面而言,教育权可同时包括施、受两方主体的所有相关权利在内,因此,所有涉及教育事务的权利,几乎都可归属教育权利的范畴。其狭义层面,则仅指施教主体的教育权利(简称"教育权"),并与受教育主体的教育权利(简称"受教育权")相互对应。

我国现行宪法第四十六条规定:"中华人民共和国公民有受教育的权利和义务。国家培养青年、少年、儿童在品德、智力、体质等方面全面发展。"

权利属于公民所享有,基于民主法治的思考架构,国家权力来自公民的授权,因此国家或者国家地位的施教者,具有的是"教育权力"而没有"教育权利"。施教者所拥有的教育事务上的相关权限,是基于发展受教者普遍教育利益的目的。

宪法将"教育权利"赋予受教育者是理所当然的,受教育者以外的其他人(例如父母、社会其他公民、小区居民)虽然也拥有教育事务上的相关权利,但是他们权利的行使,都以受教育者的存在为前提,并以受教育者普遍的教育利益为目的。此外,国家机关、自治团体、学校,也应当以受教育者的事实存在与普遍促进最佳教育利益作为其权力作用的基础与界限。

自我实现权乃是教育权利的核心本质,其又包含"自我发展权"与"自我决定权"两大要素:自我发展权,即因学习者拥有自我发展的权利因此有关个体发展自我的相关教育环境,应当符合学习者的个体性需求。自我决定权,即学习者除了拥有自我发展的权利外,对于自我发展的方式,亦当拥有自我决定或至少是参与决定的权利。

国家虽然不是教育权主体,但为充分保障公民的教育基本权,应该负起整备教育条件的任务。因此,国家除应提供公民免费接受义务教育外,诸如学校的设立、教育人员的配置、保健设施的充实、课程的编成、教材的选定、与成绩评定等一般普通教育所需的各种设施与规划,均应由国家编列公共预算负责支应。

四、文化权

文化权，即公民自由参与文化生活的权利。我国现行宪法第四十七条规定："中华人民共和国公民有进行科学研究、文学艺术创作和其他文化活动的自由。"可见，参与文化活动、享受文化生活乃是公民最基本的权利与自由。凡人类文明所在之处，必有文化在于其间，文化生活与人须臾不可分离，没有文化生活的滋养与熏陶，健全的人格与自我意识将无以形成。

文化权作为一项个人权利，与"基本文化权益"不同。"基本文化权益"是指政府所提供的公共文化服务，其实现之程度取决于外在的、客观的社会经济条件和政府的施政决心、施政能力，因此不同时代、不同国家的公共文化服务的水平与质量也相差很多。但是无论在何种社会经济条件下，文化权利所关切的是在此种"给定的条件下"是否能排除人为的——尤其是法律制度所造成的——专断干涉，从而按照权利主体之意愿享受文化生活。在这个意义上，文化权具有超越具体时空的性质，仅仅因权利人的主体身份获得法律之承认而成立。无论是宪法性文件，还是政府间条约，均是在"承认"与"尊重"的意义上提及文化权——至少是作为其规范含义的起点。由此可知，文化权作为优越于实证法的、不可剥夺的基本权利或人权之地位不可否认。

作为公民的一项基本权利，现行宪法关于文化权还有以下规定。第二十条规定："国家发展自然科学和社会科学事业，普及科学和技术知识，奖励科学研究成果和技术发明创造。"第二十二条规定："国家发展为人民服务、为社会主义服务的文学艺术事业、新闻广播电视事业、出版发行事业、图书馆博物馆文化馆和其他文化事业，开展群众性的文化活动。国家保护名胜古迹、珍贵文物和其他重要历史文化遗产。"第二十三条规定："国家培养为社会主义服务的各种专业人才，扩大知识分子的队伍，创造条件，充分发挥他们在社会主义现代化建设中的作用。"

综合起来，文化权的内容主要有三个方面：（1）科学研究和文艺创作权，即公民自由探讨科学领域的问题、自由进行文艺创作并发表自己研究成果的权利；（2）文化生活参与权和分享权，即公民在享有从事科学研究和文艺创作权利的同时，还享有其他文化活动的自由，并有权分享文化事业发展、科技进步及其应用所带来的利益的权利，包括参加各种文化娱乐活动，使用图书馆、博物馆等各种文化设施，欣赏文化珍品等；（3）文化成果受保护权，即公民科学研究、文艺创作的成果所产生的精神的和物质的利益享受保护的权利。

国家对公民的科学研究和文艺创作权负有保障义务。第一,在制度性保障方面,立法机关应当积极立法为公民在宪法上的科学研究与文艺创作权提供具体的法律保障。例如《中华人民共和国科学技术进步法》等法律就是国家履行文化权的制度性保障义务的体现。第二,国家履行组织和程序保障义务。国家应当支持学校、科研机构、文学艺术团体,职业协会等组织及机构从事科学研究和文学艺术创作,并保障教师、科学家、作家和艺术家之间及上述组织和机构之间能够自由地进行科学、技术和学术观点的交流。国家要尽量明确科学研究与文艺创作权受到侵害时的司法救济程序,这要求立法机关制定的法律不仅要在实体上保障科学研究与文艺创作权,还要在程序上保障科学研究与文艺创作权的实现。第三,国家履行给付义务。国家应当为科研人员和文艺创作者提供从事科学研究和文艺创作所必需的经费和条件。第四,国家履行保护义务。国家应当对公民从事科学研究及文学艺术创作的活动提供必要的法律保护,使其免受第三人的侵犯,如国家对扰乱科研工作秩序、侵犯公民知识产权的行为人予以法律制裁等,就是履行保护义务的重要体现。

第七节　公民的基本义务

一、公民基本义务的宪法解读

公民基本义务对应于国家的权力,是指公民为了国家、社会公共利益而应做出一定行为或不做出一定行为的约束。现实生活中,公民需要履行不同形式的法律义务,既有公民对其他公民在私法上的法律义务,比如公民之间签订合同后需诚实善意履行合同规定的内容,也有公民对国家和社会在公法上的法律义务,比如按照法律规定向国家缴纳税赋等。对国家和社会履行的义务当中那些对国家具有重要意义、对公民生活产生重大影响的义务才可构成宪法规定的义务,也即公民的基本义务。

纵观世界各国宪法,规定公民基本义务的方式主要有两种:一种为间接规定的方式,即通过赋予国家一定的权力,从公民与国家二元关系的角度表征国家权力的行使,从而对应于公民相应的义务,此以英、美两国为代表,比如

1787年美国宪法及其以后的二十六条修正案并没有公民基本义务的规定,但宪法中赋予国会征税权和总统统帅三军的权力,这就分别要求公民必须履行依法纳税与服兵役的义务;另一种方式则在宪法文本中直接规定公民的基本义务,此以社会主义国家的宪法与现代福利国家的宪法为代表。我国以义务规范之多与全,堪称宪法规范公民基本义务的典型代表。①

按照公民基本义务条款的先后顺序,我国现行宪法规定的公民基本义务有:劳动的义务(第四十二条),受教育的义务(第四十六条),实行计划生育的义务(第四十九条),抚养教育未成年子女的义务(第四十九条),赡养父母的义务(第四十九条),维护国家统一的义务(第五十二条),维护全国各民族团结的义务(第五十二条),遵守宪法和法律的义务(第五十三条),保守国家秘密的义务(第五十三条),爱护公共财产的义务(第五十三条),遵守劳动纪律的义务(第五十三条),遵守公共秩序的义务(第五十三条),尊重社会公德的义务(第五十三条),维护祖国的安全的义务(第五十四条),维护祖国荣誉的义务(第五十四条),维护祖国利益的义务(第五十四条),保卫祖国、抵抗侵略的义务(第五十五条),依照法律服兵役和参加民兵组织的义务(第五十五条),依照法律纳税的义务(第五十六条)。

上述基本义务可分为以下几类:(1)规范性义务。此类义务在法律上具有比较确定的规范内涵,也是各国宪法普遍规定的义务,包括保卫祖国、抵抗侵略、依法服兵役、参加民兵组织(第五十五条),依法纳税(第五十六条);(2)权利性义务。此类义务具有权利和义务的双重属性,包括劳动的义务(第四十二条),受教育的义务(第四十六条)。(3)道义性义务。此类义务很难确定其在法律上的规范结构,更多是作为公民对于国家的一种抽象的义务,具体包括维护国家统一、民族团结(第五十二条),保守国家秘密(第五十三条),维护祖国安全、荣誉和利益(第五十四条)。(4)社会主义性质的义务。此类义务多是社会主义国家一般具有的义务,包括遵守宪法和法律,爱护公共财产,遵守劳动纪律(第五十三条)。(5)道德性义务。主要是道德层面的义务,包括遵守社会公德,遵守公共秩序(第五十三条)。(6)家庭性义务。主要是家庭父母子女之间的义务,包括父母抚养未成年子女的义务和成年子女赡养扶

① 参见秦前红主编:《新宪法学》,武汉大学出版社2009年版,第258页。

助父母的义务(第四十九条)。(7)政策性义务。指带有政策性质的义务,也就是夫妻双方实行计划生育的义务(第四十九条)。总体而言,我国宪法规定的公民基本义务缺乏应有的规范性,即使某些规范性义务也不例外,这决定了对公民的基本义务的规范化有赖于普通的立法将之具体化。

二、公民基本义务的三个面向

我国宪法规定的公民基本义务,有些较为通俗易懂;有些仅具道德宣誓性作用,缺乏相应的规范性,且普通立法也仅仅将这些义务作为一项法律原则加以规范。下面重点介绍其中三项基本义务:依法纳税、依法服兵役和计划生育。前两项作为规范性义务而为各国宪法普遍规定之,后一项作为政策性义务而仅为中国宪法所规定。

(一)依法纳税的义务

如果国家不直接控制经济资源,要保证国家机器的运转,国家就必然会以税收的方式从私人处获得物质资源,而税收就是国家以设定普遍义务的方式从私人处无偿获得物质资源的行为。如果国家垄断绝大部分甚至所有经济资源,私人在必要的生活资料之外就所剩无几了,规定公民纳税义务就缺乏现实基础。所以,我国在高度集中的计划经济体制下,1975年宪法和1978年宪法曾取消了公民的纳税义务。改革开放以后,随着社会主义市场经济体制的建立,国家直接控制或垄断经济资源逐渐减少,决定了国家必须依靠税收维系其正常的运转。同时,税收也是公民享受其他基本权利的先决条件,比如公民获取物质帮助权、受教育权及其他经济、社会、文化权利的享有,很大程度上都有赖于国家掌握经济资源的多寡和分配方式。只有通过公民依法无偿向国家缴纳一定的财产形成国家收入,才能使得国家具备提供一定的公共服务的能力。因此,现行宪法第五十六条规定:"中华人民共和国公民有依照法律纳税的义务。"

我国税收制度经过三十多年的发展,散见在各类法律法规中。目前我国共有增值税、消费税、营业税、企业所得税、个人所得税、资源税、城镇土地使用税、房产税、城市维护建设税、耕地占用税、土地增值税、车辆购置税、车船税、印花税、契税、烟叶税、关税、船舶吨税、固定资产投资方向调节税(由国务院决定从2000年起暂停征收)等19个税种。整体而言,我国公民的税负水平相对较高,国家财政收入的增长率远高于 GDP 的增长率。

从宪法学角度来分析,是否开征某项税种,主要看其是否满足税收制度的两项基本原则,即税收公平原则和税收法定主义原则。税收公平原则,强调国家课税应考虑公民的纳税能力,同时也应注意公民之间税负的公平、平等。税收法定主义原则,强调公民纳税税种、税率、期间等内容均需要由法律来一体规定,税款的征收由法定机关严格依法征收。立法法第八条明确地将财政、税收基本制度作为法律保留事项,只能通过制定法律予以规定。《税收征收管理法》第三条规定:"税收的开征、停征以及减税、免税、退税、补税,依照法律的规定执行;法律授权国务院规定的,依照国务院制定的行政法规的规定执行。任何机关、单位和个人不得违反法律、行政法规的规定,擅自作出税收开征、停征以及减税、免税、退税、补税和其他同税收法律、行政法规相抵触的决定。"上述法律基本确立了税收法定主义原则。但就我国目前的税收法律体系来看,税收法定主义原则实施效果并不理想。我国现共有 19 个税种、19 个税收法律规范性文件,其中经全国人大及其常委会制定的税法只占 15.2%,而国务院及有关行政主管部门制定的税收行政法规、规章则占 84.8%,政府制定过量的税收行政法规、规章,集立法、执行、监督于一身,形成行政法规、规章占据税法体系主导地位的格局,导致王名扬先生所说的"条例是原则,法律是例外","条例是汪洋大海,法律是大海中的孤岛"之乱局。① 而税收执法领域更是问题丛生,严重阻碍了租税法治理念的成长。大量的行政规费使公民个体和企业组织等承担了游离于税收立法体系之外的行政规费负担,并严重侵蚀了税的根基;大量预算外资金的存在,使人大对行政机关的财政监督流于形式,使公民和企业的财产权益难以收到严格保障,也使税收服务于国民经济和社会公共服务的功能受到严重削弱;税收计划的编制与税收目标的分配极不合理,有关关税的征收、管理使用缺乏细化的法律规定,税收行政的人治主义倾向严重;税收工具的使用违背正当程序的要求,而且侵犯宪法构架的整体制度体系,其中最为典型的各级政府出台调控房价措施时,违背税收权限出台税收政策,引发社会巨大争议和情绪震荡。若从税收法定主义原则、社会主义市场经济体制的完善来看,有必要完善现有的税收法律体系。中共十八届三

---

① 　参见王名扬:《法国行政法》,中国政法大学出版社 1988 年版,第 139 页。

中全会通过的《中共中央关于全面深化改革若干重大问题的决定》明确提出"深化税收制度改革",对于完善我国税收立法,规范公民依法纳税,保障公民财产权都具有重要意义。

(二)依法服兵役的义务

我国现行宪法五十五条规定:"保卫祖国、抵抗侵略是中华人民共和国每一个公民的神圣职责。依照法律服兵役和参加民兵组织是中华人民共和国公民的光荣义务。"

我国兵役法规定,我国实行义务兵与自愿兵相结合、民兵与预备役相结合的兵役制度,并将该项义务予以具体化。总体要求是:中华人民共和国公民,不分民族、种族、职业、家庭出身、宗教信仰和教育程度,凡年满18周岁的,都有义务依法服兵役。依法被剥夺政治权利的人,不得服兵役,这更能看出依法服兵役所具备的道德崇高性。目前,我国公民履行服兵役义务的形式主要有三种:参加人民解放军和武装警察部队,这是服现役;二是参加民兵组织和经过预备役登记的,这是服预备役(现役士兵和军官服役期满后,符合条件的,应依法转预备役);三是高等院校和高中的学生,按照国家规定参加军事训练。

当代社会,对义务兵役制最重要的挑战,乃是宗教和信仰自由中的良心抵抗权。良心抵抗权意味着国家不得要求国民在所有的价值层面上保持同一,个人真诚信仰的价值不能被共同体的安全利益所吞并。因而,公民可以宗教信仰自由的理由而拒绝入伍。比如《德意志联邦共和国基本法》第四条第三款规定:"任何人皆不得被强迫违反其良知,为涉及武器使用的战争而服役";第十二条第二款规定:"对于以良心上的理由拒绝服使用武器的兵役的人,可以课以代替性劳务的义务。代替性劳务期间不得超过兵役期间。其细节由法律规定,此项法律不得侵害依良心决定的自由,并且必须规定同武装部队和联邦边境警备队没有关系的代替性劳务的机会。"我国幅员辽阔、兵员充足,能够参军入伍是一个公民政治身份、社会地位的象征。随着我国经济社会的发展,计划生育政策带来的人口低增长率以及价值多元化等影响,无疑给现阶段的征兵工作带来了一定的困难。在这种背景下,强调公民依法服兵役的义务,积极探索新型的征兵机制,选拔一批政治坚定、文化素质高的新型士兵,对巩固国防、保卫国家安全显得非常重要。

（三）计划生育义务

我国现行宪法第四十九条第二款规定："夫妻双方有实行计划生育的义务。"改革开放初期，人口急剧增长带来了人口压力过大，我国开始实行计划生育政策。宪法第二十五条规定："国家推行计划生育，使人口的增长同经济和社会发展计划相适应。"

计划生育一般意指一对夫妇生多少个孩子由每个家庭自己来决定，政府只起着引导的作用；中国特指采用行政手段来控制人口数量，其主要内容及目的可以简述为：提倡晚婚、晚育；少生、优生；减少人口数量、提高人口质量。《人口与计划生育法》第十八条规定："国家稳定现行生育政策，鼓励公民晚婚晚育，提倡一对夫妻生育一个子女；符合法律、法规规定条件的，可以要求安排生育第二个子女。具体办法由省、自治区、直辖市人民代表大会或者其常务委员会规定。"根据公民对计划生育政策认识的加深以及我国人口结构的变化，2013年中共十八届三中全会提出适时调整计划生育政策，即"坚持计划生育的基本国策，启动实施一方是独生子女的夫妇可生育两个孩子的政策，逐步调整完善生育政策，促进人口长期均衡发展"。

从公民有权决定自己的个人生活出发，生育应该属于公民自己的隐私权范畴，这也契合了近年来国际上兴起的"生育权"的内容。"生育权"在联合国《世界人口行动计划》中被定义为"所有夫妇和个人享有自由负责地决定其子女数量和间隔以及为此目的而获得信息、教育与方法的基本权利"。我国《人口与计划生育法》第十七条规定："公民有生育的权利，也有依法实行计划生育的义务，夫妻双方在实行计划生育中负有共同的责任。"可见，公民履行计划生育的义务与享有生育权并不矛盾，计划生育仅是对公民生育权的限制而不是剥夺。

第四章　国家权力制度

第一节　政党制度

一、政党和政党制度

政党是在近代随着资本主义经济和民主制度的发展而产生的。现代意义的政党最早发源于英国,辉格党和托利党是近代形成的两大政党。英国早期的政党只是具有一些现代政党的特征,从严格意义上讲政党政治则是最早在美国形成。美国政党的发展几乎一直伴随着美国建国以来 200 多年的历史,并在世界历史的发展中产生了巨大的影响。在建国之初,美国的一些早期领导人对于党派持有否定的态度,比如第一任总统华盛顿就对激烈的政党斗争深感厌恶。

从政党的发展历史中,我们可以大致看出政党的主要目标是通过定期的选举获得控制国家机构的权力,进而推动政党所代表的意识形态和价值追求,实现政党所代表的利益集团的利益。

从宪法的角度而言,政党应指依靠民众的支持,通过和平选举的手段去争取公共政治资源的分配和政治权力行使的政治组织或团体。在不同的国家,政党具有不同的组织形态、活动方式和政治目的。就宪法而言,对政党的宪法规制主要是政党活动需要遵循宪法秩序,必须在尊重宪法规制的前提下开展政治活动。与宪法有关的政党问题,主要涉及政党活动的合宪性、政党选举、选区划分等。

关于政党制度应当包含的内容,学术界存在争议。有人认为政党制度是国家对政党活动的法律规定;有人认为政党制度主要是执政党与反对党之间的关系;有人认为政党制度是政党内部的组织方式和活动规则。通常情况下,政党制度会涉及到政党执政、参政的方式和党际关系。有些国家对政党活动有专门立法,例如第二次世界大战后联邦德国在1967年制定了政党法;有些国家没有专门立法,但是在一些相关的法律中做了一些规定,例如美国国会1974年制定了限制政党选举花费的法律;有些国家则只是遵守政治惯例,没有明确的法律要求,例如在英国议会下议院大选中获得多数席位的政党成为执政党,该党的领袖担任首相。议会中的第二大党是"官方的反对党",反对党领袖通常是影子内阁首相,而且他和正式首相一样,享有英国阁员法定薪资和福利待遇。

我们认为,所谓政党制度就是指政党参与政治的固定化的模式,即由法律规定或者在实际政治生活中形成的有关政党的组织、活动以及政党参与政权的方式、程序等一系列制度性规定的总和。

二、中国政党制度的宪法安排

中国政党的基本制度是"中国共产党领导的多党合作和政治协商制度"(宪法序言第十自然段末尾)。该制度是由中国的历史和现实所决定的。中国共产党在民主革命的长期斗争中,同各民主党派结成人民民主统一战线。在中国共产党的领导下,终于取得了民主革命的胜利。1949年中华人民共和国成立后,一直坚持中国共产党领导的多党合作制。1956年社会主义改造基本完成之时,毛泽东进而提出共产党同各民主党派"长期共存,互相监督"的方针。1957年以后受"左"的指导思想影响,多党合作受到破坏。1978年中共十一届三中全会后,中国共产党重申坚持同各民主党派"长期共存,互相监督"的方针,同时又加上"肝胆相照,荣辱与共"的内容。

中国共产党领导的多党合作和政治协商制度是具有中国特色的社会主义政党制度。中国的政党制度的基本点是坚持中国共产党的长期稳定领导,同时发挥多党合作的作用。中国共产党在我国是具有宪法地位的执政党,但同时中国共产党也需要各民主党派的合作与监督。各民主党派代表广大劳动者和爱国者的利益,反映他们的要求与意愿。没有广泛的政党联盟,没有尽力发挥各民主党派的作用,就无法充分调动广大人民群众的积极性,无法避免决策的失误。共产党对国家政权的领导包括政治领导、思想领导和组织领导。政治领导主要是提出社会发展战略和重大方针政策;思想领导主要是加强对国家公职人员和人民群众的社会主义、共产主义思想教育;组织领导主要是推荐各级政权机关领导人人选,由人民政权机关选举或任命。党对国家事务主要实行政治领导,充分发挥国家机关的作用,党经过法定程序使自己的主张变为国家意志,同时通过党组织的活动和党员的模范作用带动广大人民群众,实现党的路线、方针、政策。

现行宪法对于政党制度的安排主要体现在宪法序言、宪法总纲第五条之中,如果对宪法第三十五条关于结社自由的规定作宽泛的解释,也可以推导出有关政党制度的宪法安排。

宪法序言第七自然段规定:"中国新民主主义革命的胜利和社会主义事业的成就,是中国共产党领导中国各族人民,在马克思列宁主义、毛泽东思想的指引下,坚持真理,修正错误,战胜许多艰难险阻而取得的。我国将长期处于社会主义初级阶段。国家的根本任务是,沿着中国特色社会主义道路,集中力量进行社会主义现代化建设。中国各族人民将继续在中国共产党领导下,在马克思列宁主义、毛泽东思想、邓小平理论和'三个代表'重要思想指引下,坚持人民民主专政,坚持社会主义道路,坚持改革开放,不断完善社会主义的各项制度,发展社会主义市场经济,发展社会主义民主,健全社会主义法制,自力更生,艰苦奋斗,逐步实现工业、农业、国防和科学技术的现代化,推动物质文明、政治文明和精神文明协调发展,把我国建设成为富强、民主、文明的社会主义国家。"

上述规定,一方面指出了中国共产党成为执政党的历史背景,即具有历史必然性;但更重要的一个方面是明确指出了执政党的路线、方针、政策以及要实现的政策目标。从宪法的高度,以根本法的形式确立执政党的执政纲领事实上构成了对执政党的宪法约束,一旦出现执政党与宪法规定的执政纲领不相一致的情况,就会在根本上动摇执政的根基。因此可以说,宪法序言的这一部分是理解整部宪法的一个关键部分,它既确认了中国共产党的领导权和执政地位,同时又清晰地规定了其执政原则、执政方式和执政目标。

宪法序言第十自然段规定:"社会主义的建设事业必须依靠工人、农民和知识分子,团结一切可以团结的力量。在长期的革命和建设过程中,已经结成由中国共产党领导的,有各民主党派和各人民团体参加的,包括全体社会主义劳动者、社会主义事业的建设者、拥护社会主义的爱国者和拥护祖国统一的爱国者的广泛的爱国统一战线,这个统一战线将继续巩固和发展。中国人民政治协商会议是有广泛代表性的统一战线组织,过去发挥了重要的历史作用,今后在国家政治生活、社会生活和对外友好活动中,在进行社会主义现代化建设、维护国家的统一和团结的斗争中,将进一步发挥它的重要作用。中国共产党领导的多党合作和政治协商制度将长期存在和发展。"上述规定,确定了我国"一党领导,多党合作"的政治结构,也确认了中国人民政治协商会议作为统一战线和多党合作重要载体的宪法地位。

宪法序言最后一个自然段规定:"本宪法以法律的形式确认了中国各族人民奋斗的成果,规定了国家的根本制度和根本任务,是国家的根本法,具有最高的法律效力。全国各族人民、一切国家机关和武装力量、各政党和各社会团体、各企业事业组织,都必须以宪法为根本的活动准则,并且负有维护宪法尊严、保证宪法实施的职责。"宪法第五条第四款规定:"一切国家机关和武装力量、各政党和各社会团体、各企业事业组织都必须遵守宪法和法律。一切违反宪法和法律的行为,必须予以追究。"上述规定确认了中国各政党在中国法制总框架中的位置和职责。

从以上的宪法关于中国政党制度,尤其是执政党制度的安排来看,有以下几个方面需要加以注意:

第一,中国宪法的序言以中国近代历史为背景来描述中华人民共和国的成立历程。在这一历史进程中,中国共产党发挥的作用非常重要且不可替代,其执政党的地位是由历史所决定的且必须长期坚持的。

第二,坚持中国共产党的领导主要是在序言中被明确体现出来,但在宪法条文中并没有相应的规定。换句话说,中国共产党的领导是一个既需要起到提纲挈领的作用,但却又要与宪法规定的国家机构有一定的分离。1982年制宪的时候,制宪者充分吸收了新中国成立以后党政不分、权力高度统一所造成的悲剧性后果,因此在安排政党制度的时候既要很明确地规定中国共产党的领导地位,又要避免将政党同国家机构相混淆。因此,选择了一种在宪法序言中规定政党制度的构建路径。

第三,宪法序言规定了中国共产党的路线、方针、政策,这些对执政党的根本任务的规定也在很大程度上是整部宪法的立宪目的,因此宪法序言中关于政党任务的条款实际上是不可动摇的,是不应被修改的条款,这些条款如果发生重大变化,整部宪法的目的就将难以实现。

三、中国政党制度的宪法解读
(一)中国共产党是执政党

1.执政党的涵义。中国共产党自成立以来,历经革命、建设和改革等不同的阶段,已经从领导中国人民为夺取政权而奋斗的革命党,成为了领导人民掌握政权并长期执政的党;已经从实行计划经济条件下的国家建设的党,成为领导改革开放和发展社会主义市场经济的党。中国共产党是执政党,这是中国政治生态环境大变迁后,对共产党的最准确的角色定位。

所谓执政,是指党对国家政权的控制和掌握,执政党就是掌握执政权的党,它具有以下特征:

第一,重视与现有国家政权的亲和性,强调充分发挥整个国家架构的作用。这与革命党主张推翻和反对现有政权体系、破旧立新大不相同。

第二,强调社会利益的整合,重视社会利益的协调和平衡。这与革命党首先要划分敌我界线,重新分配社会利益有着重要区别。因为执政党要借助于国家政权对社会进行治理,追求社会的有序性。国家本身要承担许多超越阶级、阶层利益的公共职能。

第三,执政党本身应具有执政的合法性。近代以来,随着人民主权的观念进入宪法,合法性实际上就是执政党的执政需要经过人民的同意。具体而言,合法性指的是民众对于现存政权和现存政治秩序的信仰、认同和支持,体现为执政党获得的支持的程度、领导的合理性、权力的合理性和治理的有效性。马克思主义政党的建设理论认为,执政党的执政资格合法性主要有三大因素:人民公认、意识形态和执政绩效。

第四,执政党的活动要以法律为依据,活动的载体是国家机关尤其是国家代议(立法)机关和行政机关。执政党的活动不但要具有实体合法性,还要具有程序合法性。所谓程序合法性主要是指执政党不能超越国家的宪法和法律而活动。它包括执政党的资格条件的法治化、执政党权限的法治化和执政活动程序的法治化。

第五,执政党执政权的有限性。执政党既然要以民主原则为活动内容和目标,那么其执政权只能来自于人民的授予;执政党行使权力要代表人民;执政党运用权力的过程要接受人民的监督和制约。之所以执政党需要依托国家机构作为权力工具,正是因为国家机构的权力来源于宪法的授予,有着明确的界限,因此超越或脱离国家机构的政党权力活动,实际上都是容易造成政党权力失控的。从这个意义上来说,执政党和国家机构的权力行为实际上是难以区分的,执政党必须通过国家机构来发挥其领导作用。

2.依法执政的具体内容。中国共产党的执政能力,就是党提出和运用正确的理论、路线、方针、政策和策略,领导制定和实施宪法和法律,采取科学的领导制度和领导方式,动员和组织人民依法管理国家和社会事务、经济和文化事业,提高有效治党治国治军、建设社会主义现代化国家的本领。依法治国是中国共产党的治国方略,依法执政是其题中应有之义。在一定意义上说,依法执政还是依法治国的保证。中国共产党是代表中国最广大人民根本利益的党,党领导人民制定宪法和法律,就必须模范遵守宪法和法律。要牢固树立权力是人民赋予的、权力必须接受人民监督与法律制约的观念,带头做遵守法律、执行法律、维护法律的模范。党的领导是人民当家作主和依法治国的根本保证,人民当家作主是社会主义民主政治的本质要求,依法治国是党领导人民治理国家的基本方略,三者的结合点就是党的依法执政。

依法执政的方式是党要通过法定的方式进入政权组织,成为国家政权机关的领导党。执政党领导国家必须通过党在国家政权中发挥领导核心作用来实现。

3.执政党与国家政权机关。

(1)执政党与人民代表大会的关系。中国执政党与人民代表大会之间的关系较之于西方的政党议会关系,有着极为不同的历史逻辑起点和不同的活动形式与内容。比如,西方的议会是先于政党产生的,先出现代议机关而后在代议机关内部分化出不同的政治派别;议会是阶级分权和社会利益分化的结果,而政党是社会力量行使政治参与权的产物;政党的决策意志要通过议会的议事程序才能对议会产生影响。中国的执政党成立于人民代表大会之前,人民代表大会是中国共产党争取执政合法性和支持人民当家做主的形式之一,虽然人民代表大会在形式上与西方的议会有相似的地方,但其主要的特征是中国共产党领导下的国家权力机关,执政党对于人民代表大会具有实质的影响力和控制力。

中共十八大提出人民代表大会制度是保证人民当家作主的根本政治制度。要善于使党的主张通过法定程序成为国家意志,支持人大及其常委会充分发挥国家权力机关作用,依法行使立法、监督、决定、任免等职权。人民代表大会是实现社会主义民主的最重要载体。遵循这一政治发展和政治创新的目标,执政党和人民代表大会的关系的理想状态应是:第一,执政党只有通过选举才能进入人大,并进一步通过控制其他国家机关;第二,执政党只有按照法定程序,才能使其主张和决策转化为人民代表大会的决议和决定;第三,执政党只有在人民代表大会之内依照法定程序,才能使其方针、政策体现于国家的宪法和法律之中;第四,执政党只有在人大依照法定程序,才能使其推荐的人选被选举为国家机关领导人;第五,执政党只有在人大的监督下,遵守宪法和法律,才能保持在国家生活中的合法地位;第六,执政党对人大的领导要承担相应的责任和义务,党的领导要有合理合法的边界。党对领导的失误不仅要承担政治责任,更要承担法律责任。

(2)执政党与行政机关的关系。行政机关是执行国家权力机关意志的国家机构。在现代社会,由于社会分工的进步,社会管理变得复杂化、技术化、专业化,社会公共服务的领域也不断拓宽,行政机关所担负的社会管理、公共服务等职能日趋重要,其行政行为可以直接而广泛地影响人民群众的权利和义务。执政党与行政机关的关系,主要是其对行政机关的工作人员具有政治动员、人事任免、检查监督等权力。这些权力对于调控和规制行政机关的行政行为具有十分重要的作用。执政党的领导方式是"统揽全局,协调各方",发挥社会利益的整合作用。在这一过程中,容易出现执政党超越政党行为,直接进行行政管理的情况。由于执政党直接行使行政权缺乏宪法和法律的授权,一旦出现损害公民合法权益的情况,并没有合法的解决路径,公民的权益难以得到有效的法律救济。因此,处理好执政党与行政机关的关系是我国宪法与政治实践中的一个相当重要的方面。

(3)执政党与司法机关。在西方国家,立法机关和行政机关有时被统称为政治机关。政治机关的活动特点就是受政治和政党行为影响很大,同时也是需要直接对民众负责的国家机构,政治机关对社情民意的敏感性较高,体现了宪法中的民主原则。司法机关的行为方式和活动规律与政治机关存在着相当大的区别,司法机关相对来说,对一时兴起的民意并不敏感,专业性更强,具有比较高的独立性,这些特征也是其能够公正裁判的基础。同时,上述的这些特征使得司法人员的党派性比较淡化,司法人员与其所属政党之间的关系也就因之而减弱。例如政党可以要求议会中的本党成员在投票时一致行动,从而能够更有效地达到政策目标,但是政党并不能要求法院中的法官在审判案件时按照本党的政策目标而不是法律来做出判决。

在我国,执政党对于司法机关的领导是客观存在的,执政党可以在司法政策、司法人员的任免等领域对司法活动施加广泛而深入的影响,使司法机关服务于、服从于执政党的政策目标。这种执政党对司法机关产生直接影响的互相关系,有利于政府整体目标的实现,但是也存在着不当干涉司法的可能性。在"依法执政"已被确立为执政党的执政目标的前提下,关于执政党与司法机关的关系需要解决的制度层面的问题是:执政党如何在实施政治领导的过程中维护司法的应有权威,尊重司法自身的运作规律;司法在具体实践中如何通过法律技术手段,在不损害司法基本原则的情况下,贯彻执政党对社会治理的基本要求,体现执政党对社会过程的控制和领导的愿望;执政党通过什么样的形式对司法实施组织化、制度化、常规化的领导。

(二)民主党派是参政党

1.民主党派。在大陆范围内除执政党中国共产党以外的八个参政党的统称。它们分别是:中国国民党革命委员会、中国民主同盟、中国民主建国会、中国民主促进会、中国农工民主党、中国致公党、九三学社、台湾民主自治同盟。民主党派都有自身不同的党员构成情况,同中国共产党所代表的广泛性相比,民主党派在代表性上有着显著的特点。

在我国,民主党派是参政党,接受中国共产党的领导,同中国共产党通力合作,共同致力于社会主义建设。参政党具有以下的内涵:

第一,中国共产党与参政的民主党派在政治上是领导与被领导的关系,是通力合作的友党关系,彼此之间不具有竞争性和排他性。

第二,民主党派享有参政权,参政权的基本内容包括:参加国家政权,参与国家大政方针和国家领导人选的协商,参与国家事务的管理,参与国家方针、政策、法律、法规的制定和执行。

第三，参政党的目的是和中国共产党共同致力于社会主义建设事业，共同实现社会主义现代化的宏伟目标。

第四，参政党的功能在于既与执政党在共同的政治基础上加强团结合作，通过平等协商形成科学决策；又可避免多党竞争、互相倾轧造成的政治动荡和一党专制造成的腐败。

2.参政党与政治协商会议。中国人民政治协商会议，简称"人民政协"或"政协"，是中国共产党领导的多党合作和政治协商的重要机构，是中国人民爱国统一战线组织，是我国政治生活中社会主义民主的重要形式。人民政协围绕团结和民主两大主题履行政治协商、民主监督和参政议政的职能。

我国现行宪法关于政治协商会议的规定主要在序言的第十自然段："社会主义的建设事业必须依靠工人、农民和知识分子，团结一切可以团结的力量。在长期的革命和建设过程中，已经结成由中国共产党领导的，有各民主党派和各人民团体参加的，包括全体社会主义劳动者、社会主义事业的建设者、拥护社会主义的爱国者和拥护祖国统一的爱国者的广泛的爱国统一战线，这个统一战线将继续巩固和发展。中国人民政治协商会议是有广泛代表性的统一战线组织，过去发挥了重要的历史作用，今后在国家政治生活、社会生活和对外友好活动中，在进行社会主义现代化建设、维护国家的统一和团结的斗争中，将进一步发挥它的重要作用。中国共产党领导的多党合作和政治协商制度将长期存在和发展。"上述规定强调了政治协商会议所具有的广泛代表性，明确了其活动范围与目标，是在宪法层面上对民主党派参政议政和政治协商制度的确认。

中国人民政治协商会议全国委员会现由包括中国共产党和民主党派在内的 34 个单位组成。除了政党组织以外，还有：无党派民主人士，中国共产主义青年团，中华全国总工会，中华全国妇女联合会，中华全国青年联合会，中华全国工商业联合会，中国科学技术协会，中华全国台湾同胞联谊会，中华全国归国华侨联合会，文化艺术界，科学技术界，社会科学界，经济界，农业界，教育界，体育界，新闻出版界，医药卫生界，对外友好界，社会福利界，少数民族界，宗教界，特邀香港人士，特邀澳门人士，特别邀请人士。全国政协委员会每届任期 5 年，每年举行一次全体会议，一般都在每年 3 月与全国人大会议一起召开。

政治协商会议虽然并不是国家机关,但在我国政治生活中发挥着重要的不可替代的作用。中共十八届三中全会通过的《中共中央关于全面深化改革若干重大问题的决定》指出:"要完善中国共产党同各民主党派的政治协商,认真听取各民主党派和无党派人士意见。中共中央根据年度工作重点提出规划,采取协商会、谈心会、座谈会等进行协商。完善民主党派中央直接向中共中央提出建议制度。""发挥人民政协作为协商民主重要渠道作用。重点推进政治协商、民主监督、参政议政制度化、规范化、程序化。各级党委和政府、政协制定并组织实施协商年度工作计划,就一些重要决策听取政协意见。完善人民政协制度体系,规范协商内容、协商程序。拓展协商民主形式,更加活跃有序地组织专题协商、对口协商、界别协商、提案办理协商,增加协商密度,提高协商成效。在政协健全委员联络机构,完善委员联络制度。"

第二节　权力机关

一、全国人民代表大会

我国现行宪法第五十七条规定:"中华人民共和国全国人民代表大会是最高国家权力机关。"这一规定表明了全国人民代表大会的性质和地位。从性质上来看,它是我国的权力机关,能够代表全国各族人民的意志行使国家权力;从地位来看,它在国家机构体系中居于最高地位。

(一)全国人民代表大会的组成

我国宪法第五十九条规定:"全国人民代表大会由省、自治区、直辖市、特别行政区和军队选出的代表组成。各少数民族都应当有适当名额的代表。"选举法第十五条规定:"全国人民代表大会的代表,由省、自治区、直辖市的人民代表大会和人民解放军选举产生。"该条规定表明,我国的全国人民代表大会的代表是由间接选举产生的。关于特别行政区的全国人大代表,按照选举法第十五条,其应该由全国人民代表大会另行规定。按照目前的实践来看,一般是由全国人大先制定特别行政区全国人大代表选举办法,然后在特别行政区按照选举办法规定的方式和名额进行选举。

在选举法中,还有关于全国人民代表大会代表名额的特殊规定,这些特殊规定主要涉及的是女性、少数民族、归侨等。选举法第六条规定:"全国人民代表大会和地方各级人民代表大会的代表应当具有广泛的代表性,应当有适当数量的基层代表,特别是工人、农民和知识分子代表;应当有适当数量的妇女代表,并逐步提高妇女代表的比例。全国人民代表大会和归侨人数较多地区的地方人民代表大会,应当有适当名额的归侨代表。"第十七条规定:"全国少数民族应选全国人民代表大会代表,由全国人民代表大会常务委员会参照各少数民族的人口数和分布等情况,分配给各省、自治区、直辖市的人民代表大会选出。人口特少的民族,至少应有代表一人。"对于保证并提高女性代表的规定,主要是为了平衡历史上女性在我国政治生活中的弱势地位;而对于少数民族代表的特殊规定,主要是基于我国各民族团结平等的原则,保证每个少数民族至少有 1 名代表。这些名额分配的特殊规定会持续相当长的一段时期,但随着我国性别平等与民族融合的不断发展,这些特殊规定也会逐渐得到变更。

选举法第十五条限定了全国人民代表大会的规模:"全国人民代表大会代表的名额不超过三千人。"由于我国人口数量特别大,若全国人民代表大会的代表数量太少,则不足以使代表具有广泛的代表性。

关于全国人民代表大会的具体名额分配,一般是由全国人大常委会先制定出代表名额分配的草案,然后表决通过后形成正式的名额分配办法。

(二)全国人民代表大会的职权

全国人民代表大会作为我国最高的权力机关,其职权是相当广泛的。现行宪法第六十二条详细列举了 15 项全国人民代表大会的权力:

1.修改宪法并监督宪法的实施。宪法作为国家的根本大法,其修改程序也最为严格。宪法第六十四条规定:"宪法的修改,由全国人民代表大会常务委员会或者五分之一以上的全国人民代表大会代表提议,并由全国人民代表大会以全体代表的三分之二以上的多数通过。"在我国的修宪实践中,都是由全国人民代表大会常务委员会提议修改的。宪法规定了全国人大有权监督宪法的实施,这有利于保证宪法的权威性,但是从实践的情况来看,这一职权的行使还需要进一步加强。

2.制定和修改基本法律。宪法第六十二条第三项规定:全国人大"制定和修改刑事、民事、国家机构的和其他的基本法律"。这些基本法律涉及的都是我国法律体系中最基本的部门法律,关系到全国人民的根本利益,因此制定和修改这些基本法律的权力必须由全国人大来行使。那么什么法律能被称为是"基本法律"而必须由全国人大制定和修改呢? 从全国人大及其常委会多年来的立法实践来看,全国人大的立法不一定都是"基本法律";全国人大常委会的立法不一定都"基本"。比如说合同法是属于"基本法律",它是由全国人大制定的,但是与合同法地位相类似的侵权责任法则是全国人大常委会制定的。因此,关于什么才是宪法中规定的"基本法律"并没有明确的标准,这一问题由于来源于宪法中的具体规定,所以合适的解决方法应该根据宪法第六十七条第一项的规定,由全国人大常委会来解释何谓"基本法律"。

3.人事任免权。宪法第六十二条第四至八项,分别规定了全国人大有权选举国家主席、副主席;根据国家主席的提名,决定国务院总理的人选;根据国务院总理的提名,决定国务院副总理、国务委员、各部部长、各委员会主任、审计长、秘书长的人选;选举中央军事委员会主席;根据中央军事委员会主席的提名,决定中央军事委员会其他组成人员的人选;选举最高人民法院院长;选举最高人民检察院检察长。而宪法第六十三条则规定了全国人大对于上述的国家机关领导人均有罢免权。对于罢免国家机关领导人的条件,宪法并没有明确的规定,这点需要进一步加以完善。

关于全国人大的人事任免权需要注意的是,作为行政机关首脑的国务院总理并不是由全国人大选举产生的,而是由国家主席提名由全国人大批准决定的。这一规定主要是我国在制定宪法时参考了国外虚位元首制下对于内阁总理的任命方式而形成的。我国对于国务院总理这一全国最高行政机关首脑的任命,是先由执政的中国共产党酝酿产生合适的人选,才由国家主席进行提名的。

4.决定国家重大问题。宪法第六十二条第九、十、十二、十三、十四项分别规定了全国人大对国家重大问题的决定权。主要有审查和批准国民经济和社会发展计划和计划执行情况的报告;审查和批准国家的预算和预算执行情况的报告;批准省、自治区和直辖市的建置;决定特别行政区的设立及其制度;决定战争与和平的问题。上述的这些国家重大问题大致可以分为两类,一类是每年都要例行的,比如审查和批准国民经济和社会发展计划、国家预算。这两项职权虽然很重要,但是由于全国人大行使职权的方式是"审查和批准",这在很大程度上制约了全国人大对于国民经济和社会发展计划、国家预算等问题上的决定权。另一类则是较少或很少出现的重大问题,比如决定特别行政区的设立及其制度。我国目前有两个特别行政区,分别是1997年设立的香港特别行政区和1999年设立的澳门特别行政区,也就是说这项职权距今已有十几年未再实施过。再比如决定战争与和平的问题,实际上自1982年我国现行宪法实施以来,由于我国一直处于和平状态,该项权力也就一直未被行使过。

5.监督权。宪法赋予了全国人民代表大会广泛的监督权。例如,宪法第六十二条第十一项规定:全国人大有权"改变或者撤销全国人民代表大会常务委员会不适当的决定";第七十一条规定:"全国人民代表大会和全国人民代表大会常务委员会认为必要的时候,可以组织关于特定问题的调查委员会,并且根据调查委员会的报告,作出相应的决议。"第七十三条规定:"全国人民代表大会代表在全国人民代表大会开会期间,全国人民代表大会常务委员会组成人员在常务委员会开会期间,有权依照法律规定的程序提出对国务院或者国务院各部、各委员会的质询案。受质询的机关必须负责答复。"另外,国务院、中央军事委员会、最高人民法院、最高人民检察院都要对全国人大负责,并受其监督。关于以上各项监督权在实际运作中并不尽如人意。例如宪法第七十三条关于质询的规定,实际上自现行宪法制定以来,全国人大仅提出过一次质询案:"2000年全国人大代表就烟台'11·24'特大海难事故质询交通部"。

6.全国人大有权行使"应当由最高国家权力机关行使的其他职权"。这个规定出自宪法第六十二条最后一项即第十五项。这项规定从字面意义上来讲,可以理解为宪法对全国人大的一种更宽泛的授权。与前面的14项列举性权力不同,第十五项实际上含有一种全国人大可以根据实际需要,扩展其权力范围的意思。但是对于这一权力,也应该有隐含的限制,全国人大显然不能行使与宪法基本原则相违背的职权。

二、全国人大常务委员会

全国人大常务委员会是全国人大的常设机关,是在全国人大闭会期间行使部分最高国家权力的机关,也是行使国家立法权和其他比较重要权力的国家机关。全国人大常委会是全国人大的组成部分,隶属于全国人大,受全国人大的领导和监督,向全国人大负责并报告工作;全国人大有权改变或撤销它的不适当的决议。

全国人大常委会的组成人员,是由全国人民代表大会从其代表中选出的,可以说他们是全国人大的常务代表。为了更好地发挥全国人大常委会的监督作用,宪法第六十五条规定:"全国人民代表大会常务委员会的组成人员不得担任国家行政机关、审判机关和检察机关的职务。"

全国人大常委会是全国人大的常设机关,行使着重要而广泛的职权。根据宪法第六十七条,这些职权主要包括:

1.解释宪法、监督宪法的实施,解释法律以及行使立法权(宪法第六十七条第一、二项)。关于解释宪法这项权力,实际上自现行宪法制定以来从来没有被全国人大常委会行使过。不少学者曾经建议,在全国人大常委会下设立宪法委员会,来具体行使宪法的解释权。关于全国人大常委会的立法权,从目前其立法工作来看,几乎可以制定任何法律。宪法第六十二条第三项规定,全国人大"制定和修改刑事、民事、国家机构的和其他的基本法律",但是基本法律的范围有限。宪法第六十七条第二项规定,全国人大常委会"制定和修改除应当由全国人民代表大会制定的法律以外的其他法律",同时该条第三项也赋予了全国人大常委会"对全国人民代表大会制定的法律进行部分补充和修改"的权力,因此全国人大常委会的立法权是极其宽泛的,实际上它也是我国主要的立法机关。需要说明的是关于特别行政区基本法的解释问题。在我国两个特别行政区的基本法里,都规定了特别行政区的基本法解释权属于全国人大常委会。

2.人事任免权。根据宪法第六十七条第九至十三项的规定,全国人大常委会"在全国人民代表大会闭会期间,根据国务院总理的提名,决定部长、委员会主任、审计长、秘书长的人选";"在全国人民代表大会闭会期间,根据中央军事委员会主席的提名,决定中央军事委员会其他组成人员的人选";"根据最高人民法院院长的提请,任免最高人民法院副院长、审判员、审判委员会委员和军事法院院长";"根据最高人民检察院检察长的提请,任免最高人民检察院副检察长、检察员、检察委员会委员和军事检察院检察长,并且批准省、自治区、直辖市的人民检察院检察长的任免";"决定驻外全权代表的任免"。

3.对国家重要事务的决定权,以及批准或废除与外国缔结的条约或协定。

根据宪法第六十七条第五项、第十四至二十项的规定,在全国人大闭会期间,全国人大常委会有权"审查和批准国民经济和社会发展计划、国家预算在执行过程中所必须作的部分调整方案";"决定同外国缔结的条约和重要协定的批准和废除";"决定特赦";"规定军人和外交人员的衔级制度和其他专门衔级制度";"决定战争状态的宣布";"决定全国总动员或者局部动员";"决定全国或者个别省、自治区、直辖市进入紧急状态"。

4.监督权。根据宪法第六十七条第六至八项的规定,全国人大常委会有权监督国务院、中央军委、最高人民法院、最高人民检察院的工作,有权要求他们向自己报告工作;有权撤销国务院制定的同宪法、法律相抵触的行政法规、决定和命令;有权撤销省级国家权力机关制定的同宪法、法律、行政法规相抵触的地方性法规和决议。由于全国人大常委会是全国人大的常设机关,如果说全国人大行使监督权受制于会期短等因素,那么全国人大常委会应该能够更好地行使宪法赋予的监督权,而且相比全国人大的监督权而言,全国人大常委会的监督权范围更大内容更具体。2005 年,全国人大常委会制定了《法规备案审查工作程序》,其中规定:"国务院、中央军事委员会、最高人民法院、最高人民检察院和各省、自治区、直辖市的人大常委会认为法规同宪法或者法律相抵触,向全国人大常委会书面提出审查要求的,常委会办公厅有关部门接收登记后,报秘书长批转有关专门委员会会同法制工作委员会进行审查。上述机关以外的其他国家机关和社会团体、企业事业组织以及公民认为法规同宪法或者法律相抵触,向全国人大常委会书面提出审查建议的,由法制工作委员会负责接收、登记,并进行研究;必要时,报秘书长批准后,送有关专门委员会进行审查。"

三、地方人民代表大会及其常委会

(一)地方人大的性质和地位

地方各级人民代表大会指省、自治区、直辖市、自治州、市、县、市辖区、乡、民族乡、镇的人民代表大会。它们是本行政区域内的国家权力机关,与全国人民代表大会一起构成我国的国家权力机关体系。地方各级人民代表大会是我国人民代表大会的重要组成部分。那么地方人大是全国人大的下级机构吗?它受全国人大及其常委会的领导吗?这两个问题对于回答地方人大的性质和地位而言至关重要。现行宪法第六十七条第八项规定,全国人大常委会有权"撤销省、自治区、直辖市国家权力机关制定的同宪法、法律和行政法规相抵触的地方性法规和决议"。那么这一规定能否说明省级人大是全国人大的下级机构呢? 我们认为,全国人大常委会拥有撤销省级人大制定的地方性法规和决议的权力,并不意味着它是省级人大的上级和领导机构。要构成一个"上级",它必须能够任命和撤销它的"下级"。但是全国人大常委会并不具备任命和撤销省级人大代表或者人大常委会组成人员的权力。更准确地说,它们之间的关系应该是全国人大对省级人大有一定的监督作用,而不是上下级的关系。

(二)地方人大的组成和任期

现行宪法第九十七条规定:"省、直辖市、设区的市的人民代表大会代表由下一级的人民代表大会选举;县、不设区的市、市辖区、乡、民族乡、镇的人民代表大会代表由选民直接选举。"这条规定表明,县级及以下的人民代表大会是由选民直接选举产生的,而县级以上(不包括县级)的人民代表大会的代表是间接选举产生的。

关于地方人民代表大会的名额问题,选举法有着明确的规定。选举法第十四条规定:"地方各级人民代表大会代表名额,由本级人民代表大会常务委员会或者本级选举委员会根据本行政区域所辖的下一级各行政区域或者各选区的人口数,按照每一代表所代表的城乡人口数相同的原则,以及保证各地区、各民族、各方面都有适当数量代表的要求进行分配。在县、自治县的人民代表大会中,人口特少的乡、民族乡、镇,至少应有代表一人。"从上述规定可以看出,决定地方各级人大名额分配的因素主要是人口数,而地区、民族和其他方面的考虑可以作为名额分配的补充考虑因素。另外,选举法第十一条限制了地方各级人大的规模,比如它规定省、自治区、直辖市的人民代表大会代表总名额不得超过一千名;设区的市、自治州的代表总名额不得超过六百五十名;不设区的市、市辖区、县、自治县的代表总名额不得超过四百五十名;乡、民族乡、镇的代表总名额不得超过一百六十名。

关于地方人大的任期,宪法第九十八条规定:"地方各级人民代表大会每届任期五年。"

(三)地方人大及其常委会的职权

我国宪法和法律赋予了地方人大及其常委会相应的职权,以使它们能够在各自的区域里发挥权力机关的作用。我国的地方人大按照其地域、民族、人口等因素可以划分为省、直辖市;自治区;较大的市;设区的一般地级市;县;乡、镇等。划分为这样六类,主要是它们的职权范围有所区别,其中一个重要的区别是地方人大是否具有制定地方性法规的权力。按照我国宪法和法律规定,省、直辖市、自治区、较大的市这四类地方人大及其常委会有制定地方性法规的权力。另外,为了使民族自治地方在适用法律时保持一定的灵活性并尊重少数民族地区的民族习惯,现行宪法第一百一十六条规定:"民族自治地方的人民代表大会有权依照当地民族的政治、经济和文化的特点,制定自治条例和单行条例。"

除了以上的一些不同以外,按照宪法和法律的规定,地方各级人民代表大会行使的职权主要有:在本行政区域内,保证宪法、法律、行政法规的遵守和执行;依照法律规定的权限,通过和发布决议,审查和决定地方的经济建设、文化建设和公共事业建设的计划;选举和罢免本级地方国家机关领导人或组成人员;决定重大的地方性事务;监督其他地方国家机关的工作。

需要注意的是,我国县级以上的人民代表大会才设立常务委员会。根据宪法和法律规定,地方各级人大常委会行使的职权主要有:讨论、决定本行政区域内各方面工作的重大事项;监督本级人民政府、人民法院和人民检察院的工作;撤销本级人民政府的不适当的决定和命令;撤销下一级人民代表大会的不适当的决议;依照法律规定的权限决定国家机关工作人员的任免;在本级人民代表大会闭会期间,罢免和补选上一级人民代表大会的个别代表。

作为我国人民代表大会的重要组成部分,地方人大在具体的职权行使上往往能有所突破。比如说地方人大及其常委会早在 20 世纪 80 年代就运用了质询权,以后全国很多地方人大及其常委会接连不断地提出过质询案,虽然相比地方人大及其常委会的规模而言,质询案的数量依旧不大,但是却是地方人大及其常委会监督工作的闪光点。随着我国经济社会的不断发展,地方人大及其常委会的监督权也在不断的实践中更加完善。地方人大及其常委会在整个国家和地方的社会发展、经济建设中发挥着越来越重要的作用。

第三节　国家元首制度

一、国家元首概述

国家元首,是一个国家的最高职位,同时也是一个国家的象征和对内对外的最高代表。在现代社会,国家元首作为一国的最高代表在国际上代表本国,已为国际社会所普遍接受。在有关外交活动的国际条约签定中,也把国家元首作为一个国家的当然代表,无需再做其他形式的授权。

多数国家实行单一元首制,由一人独任国家元首,也有一些国家实行集体元首制,由两人或两人以上共同担任国家元首,如瑞士、圣马力诺。另外,还有一些国家如澳大利亚、加拿大等因为历史上的殖民关系,共同拥有一位国家元首,即英国女王(国王)。

在君主制国家,国家元首有国王、皇帝、女王等称谓,国家元首的产生绝大多数都是遵循以血缘关系为基础的世袭制。君主立宪制下的国家元首一般不掌握行政权,是形式上、礼仪上的国家元首,其权力只是象征性的,比如英国、日本就是这类国家。

在民主共和制国家,国家元首有总统、主席等称谓,一般由选举产生。如美国的国家元首总统是由各州组成的选举人团选举产生的;中国的国家元首国家主席是由全国人民代表大会选举产生的。在总统制国家,总统兼任行政首脑,并统率全国武装力量,是实质上的国家元首,比如美国。而在议会制国家里,国家元首不兼任行政首脑,是形式上的国家元首,不掌握实权,比如德国。

对于国家元首的实际权力,除了要参照宪法和法律条文的规定以外,仍需注意实际的运作情况。

国家元首一般都会具有以下几种职权:(1)公布法律;(2)外交权;(3)荣典权;(4)赦免权;(5)统率武装力量权;(6)召集和解散议会权;(7)任免权。

二、中国的国家元首制度

(一)中国国家元首制度的特点

中国的国家元首制度主要有以下几个特征:第一,实行个体元首制度。第二,实行虚位元首制。国家主席不掌握实际的行政权,作为国家元首行使职权必须以全国人大和全国人大常委会的决议为根据。同时,根据权责一致的原则,国家主席也不承担行政责任。第三,与1954年宪法规定的国家主席相比,现行国家主席不再统率武装力量,不再召集和主持最高国务会议,并且具有任期限制,连任不得超过两届。

长期以来,我国国家元首的法律地位并不是很确定。有学者认为,我国是社会主义国家,在国家元首制度上采用了与西方国家不同的模式,是一种由国家主席和全国人大及其常委会共同来行使元首职权的集体元首制。这种观点实际上是不正确的,根据宪法对于国家主席的职权规定以及世界大部分国家的元首制度来看,我国的国家元首就是国家主席,不存在集体元首的情况,也不符合集体元首的基本特征。

我国的国家主席、副主席都是由全国人民代表大会选举产生的。每届全国人大召开第一次会议时,由大会主席团提名,经各代表团酝酿协商后,再有主席团确定正式候选人名单,经过大会全体代表过半数表决通过,即为当选。对于国家主席的人选,按照坚持党的领导的原则,一般都是由中国共产党中央委员会向全国人大主席团推荐人选。从1993年第八届人大开始,中国共产党都是推荐中共中央总书记作为国家主席的人选,这样就形成了党的总书记、国家主席和中央军委主席"三位一体"的领导体制,这种领导体制对于像中国这样的大国来说,不仅是必要的,而且是最妥当的办法。"三位一体"的国家元首体制经过二十多年的发展完善,已经成为了我国宪法体制中的一个重要宪法惯例,它有利于党和军队事业的长远发展,有利于国家的长治久安,也有利于党对军队绝对领导的根本原则和制度。

(二)中国国家元首的职权

国家主席的职权主要规定在现行宪法的第八十、八十一条,就权力的性质而言,国家主席所行使的是一种混合性质的职权,包括了立法权、行政权、司法权和外交权。

1.立法权。宪法第八十条规定,"中华人民共和国主席根据全国人民代表大会的决定和全国人民代表大会常务委员会的决定,公布法律"。这是国家主席享有立法权的宪法依据。法律的制定有提案、审议、表决、公布等环节。一部法律只有公布以后,才具有效力,"公布"是立法的一个必经程序。另外,由国家元首公布议会机关制定的法律,也是很多国家的普遍做法。

根据宪法关于国家主席公布法律职权的规定,立法法第二十三条规定:"全国人民代表大会通过的法律由国家主席签署主席令予以公布。"第四十一条规定:全国人大常委会"通过的法律由国家主席签署主席令予以公布"。在立法法中,除了"公布"以外,还有"刊登"法律这个程序。该法第五十二条规定:"法律签署公布后,及时在全国人民代表大会常务委员会公报和全国范围内发行的报纸上刊登。在常务委员会公报上刊登的法律文本为标准文本。"

2.行政权。根据宪法第八十条规定,国家主席的行政权有:任免国务院总理;任免国务院组成人员;授予国家的勋章和荣誉称号;宣布进入紧急状态;宣布战争状态;发布动员令。这里主要介绍一下人事任免职权。

人事任免是一项极其重要的国家权力。按照以往的说法,一旦执政党的路线方针被确定下来,剩下的重要问题就是人事任免了。由于人事任免事关重大,因此可以认为是国家权力中的一项相当核心的权力。在很多国家的宪法中,为了防止对人事任免权的滥用,都是由行政首脑和议会机关联合行使对于重要职务的人事任免权。

按照现行宪法的规定,国家主席根据全国人大及其常委会的决定,任免最高国家行政机关国务院的组成人员。国家主席任免国务院组成人员是以国家主席令的形式进行的。按照惯例,新当选的国家主席发布的第 1 号国家主席令就是根据全国人大的决定,任命国务院总理;第 2 号令则是任命国务院的其他组成人员。

按照宪法的规定,总理的人选由国家主席提名,全国人大决定。国务院其他组成人员的人选,由总理提名,全国人大决定;全国人大闭会期间,由全国人大常委会决定。

3.司法权。根据宪法第八十条规定,国家主席有"发布特赦令"的权力。

4.外交权。外交是一个国家在国际关系方面的活动,如互派使节、谈判缔约、元首访问等,外交活动有很多目的,但是其中最关键的还是以维护本国利益为根本目的。外交是内政的延续,是本国政府为了本国的利益以国家为主体进行的国际交往活动,带有非常强的官方性质。从中国外交的历史变化中,我们也可以看到中国内政的种种变化。改革开放以来,我国已经与全世界绝大多数国家建立了外交关系。国家主席在外交事务上的权力增长是与中国的改革开放密切联系在一起的。

根据宪法第八十一条,国家主席的外交权主要分为两个部分:第一部分是进行国事活动,接受外国使节。这部分权力是国家主席可以独立行使的权力;第二部分是派遣和召回对外全权代表,批准和废除同外国缔结的条约和重要协定的权力。这部分权力需要根据全国人大常委会的决定来行使。这里主要介绍一下"国事活动"以及"批准和废除条约和重要协定的权力"这两项职权。

国家主席进行国事活动的职权是在2004年宪法修正案加入的,一般认为加入这项职权是因为元首外交已经成为国际交往的一种重要形式,需要在宪法中对此留有空间。现代外交最明显的特点是国家或政府首脑的个人外交的作用日益增强。具体到中国来说,就是以国家主席为代表的元首外交逐渐发展起来。从元首外交的形式上来看,元首外交既可以是处理实际性问题的政治活动,也可以是象征性和程序性的礼仪安排。

应该看到,在以往的宪法修改中,主要的修改内容是关于经济政策的修改,关于国家机构的职权修改是极少的。在国家主席的职权中加入"进行国事活动"的权力,突出反映了国家主席制度在中国的发展变化。

缔结条约是一项关涉国家利益、充分体现国家主权的重要权力。鉴于缔约权行使的特点以及其重要程度,很多国家都在宪法中对签署和批准条约设置了不同的程序。负责谈判签署条约的一般都是行政机关,而最终批准条约的一般都是立法机关。

我国宪法中将批准条约的权力赋予了全国人大常委会,同时将缔结条约的权力授予了国务院,国家主席虽然也参与缔约的过程,但是根据全国人大常委会的决定来行使职权。

第四节　行政机关

一、行政机关概述

行政机关是行使国家行政权,对国家事务和社会公共事务进行组织管理的国家机关。行政机关的主要职能包括经济调节、市场监管、社会管理和公共服务等。行政机关通常与立法机关、司法机关相区别,主要行使的是执行法律的权力。由于行政机关在国家机构中占有重要的位置,对公民的生活的影响和干预范围广、影响深,各国宪法都对行政机关作了规定,这些规定一般包括行政机关的组成、性质、地位、任期、职权等内容。需要指出的是,各国宪法规定的行政机关,主要是指各国的中央行政机关,由于世界上大多数国家特别是发达国家基本都实行地方自治,各国宪法一般并不规定地方政府的内容。

有关中央政府组织的结构,各国由于历史、经济、政治等原因会选择不同的模式。目前世界上比较普遍的模式有:总统制、内阁制及半总统制。这些不同的政府组织模式主要的区别在于行政机关与立法机关的关系。

二、中国的国务院

(一)国务院的性质和地位

我国现行宪法第八十五条规定:"中华人民共和国国务院,即中央人民政府,是最高国家权力机关的执行机关,是最高国家行政机关。"这一规定表明了国务院的性质和法律地位。国务院是由全国人大选举产生的,受它监督,对它负责并报告工作,在全国人大闭会期间,受全国人大常委会监督并向全国人大常委会负责。全国人大及其常委会通过的法律和决议由国务院来执行。一般而言,行政部门与普通公民的接触和掌握的资源最多,对公民的生活影响也最大,因此宪法的主要目的就是要制约行政部门的权力。

(二)国务院的组成和任期

国务院的组成人员包括总理、副总理若干人、国务委员若干人、秘书长、各部部长、各委员会主任、审计长。

国务院的组成部门,依法对于某一方面的行政事务行使全国范围内的管理权限。国务院组成部门一方面接受国务院的领导和监督,执行国务院的行政法规、决定和命令;另一方面,又可以在法定的职权范围内,就自己所管辖的事项,以自己的名义实施活动,并承担由此产生的责任。

国务院除了各部委以外,还设有直属特设机构、直属机构、办事机构、直属事业单位、由部委管理的国家局以及议事协调机构。

根据现行宪法第六十二、八十条的规定,国务院总理人选由国家主席提名,由全国人大决定;国务院的其他组成人员出国务院总理提名,由全国人大决定。根据宪法第六十七条的规定,全国人大闭会期间,全国人大常委会可以改变除总理、副总理、国务委员以外的其他国务院组成人员的人选。

宪法第八十七条规定,国务院的任期同全国人大任期相同,每届五年;国务院总理、副总理、国务委员连续任职不得超过两届。

(三)国务院的领导体制

国务院的领导体制经历了一个历史发展的过程,从新中国成立初期政务院的委员会制到1954年宪法所规定的部长会议制,又发展到1982年宪法规定的总理负责制。总理负责制的优点在于行政效率比较高,容易克服行政部门官僚主义和效率低下的弊端,有利于充分发挥行政部门的优势,同时也有利于形成一个责任制的政府。

所谓总理负责制,其主要表现为:(1)国务院其他组成人员的人选,由总理提名,全国人大决定;在全国人大闭会期间,由全国人大常委会决定(副总理和国务委员除外),国家主席任命。(2)国务院各部、各委员会的设立、撤销或合并,经总理提出,由全国人大决定;在全国人大闭会期间,由全国人大常委会决定。(3)总理领导国务院的工作,副总理、国务委员协助总理工作。(4)国务院工作中的重大问题,要经过全体会议或常务会议讨论决定,但总理起决定性作用。(5)总理召集和主持全体会议和常务会议,会议纪要由总理签发。(6)国务院发布的决定、命令和行政法规,向全国人大或全国人大常委会提出的议案,任免人员,由总理签署。

现行宪法第三条规定:"中华人民共和国的国家机构实行民主集中制的原则。"那么民主集中制的原则在国务院所实行的总理负责制中是怎样表现的呢?

国务院作为行使行政权力的国家机构,其贯彻民主集中制的主要表现是:(1)从国务院组成看,国务院由总理、副总理、国务委员、各部委部长等组成,宪法将行政权授予国务院,而不是总理一人;(2)从总理与副总理、国务委员的工作职责关系上看,副总理、国务委员按分工负责处理分管工作,受总理委托,负责其他方面的工作或专项任务,并且可代表国务院进行外事活动;总理虽然可以在全国人大上提名副总理、国务委员的人选,但是注意到宪法第六十七条第九项关于全国人大常委会职权的规定,"在全国人民代表大会闭会期间,根据国务院总理的提名,决定部长、委员会主任、审计长、秘书长的人选",其中并无"副总理和国务委员",这条规定可以看出总理在副总理和国务委员的任免权上是受限的;(3)从工作方式上看,宪法第八十八条以及《国务院组织法》第四条规定,国务院工作中的重大问题,必须经国务院常务会议或者国务院全体会议讨论决定。虽然总理可以行使最后的决定权,但是必须经过法定的"讨论"程序,这实际上是民主集中制在总理负责制中的一种具体表现。

(四)国务院的会议制度

根据宪法第八十八条和《国务院组织法》第四条的规定,国务院的会议分为国务院全体会议和国务院常务会议。国务院全体会议由国务院全体成员组成。国务院常务会议由总理、副总理、国务委员、秘书长组成。总理召集和主持国务院全体会议和国务院常务会议。

国务院全体会议由总理、副总理、国务委员、各部部长、各委员会主任、人民银行行长、审计长、秘书长组成,由总理召集和主持。国务院全体会议的主要任务是:(1)讨论决定国务院工作中的重大事项;(2)部署国务院的重要工作。

国务院常务会议由总理、副总理、国务委员、秘书长组成,由总理召集和主持。国务院常务会议是国务院的日常领导工作机构,在总理主持下,负责对国务院职权范围内的各项重要工作进行领导和决策。国务院常务会议的主要任务是:(1)讨论决定国务院工作中的重要事项;(2)讨论法律草案、审议行政法规草案;(3)通报和讨论其他重要事项。国务院常务会议一般每周召开一次。议题主要涉及国家发展、改革、稳定和政府自身建设等方面的重要问题,特别是促进经济社会发展、改善宏观调控、做好公共服务、关注民生、应对突发事件等列入国务院工作的重要议程。国务院常务会议的议题广泛,内容重要,是国务院领导全国行政工作的主要方式。

(五)国务院的职权

现行宪法第八十九条用十八个项目详细列举了国务院的职权,这些职权主要有以下几个方面:(1)根据宪法和法律,规定行政措施,制定行政法规,发布决定和命令;(2)向全国人民代表大会或者全国人民代表大会常务委员会提出议案;(3)规定各部和各委员会的任务和职责,统一领导各部和各委员会的工作,并且领导不属于各部和各委员会的全国性的行政工作;统一领导全国地方各级国家行政机关的工作,规定中央和省、自治区、直辖市的国家行政机关的职权的具体划分;改变或者撤销各部、各委员会发布的不适当的命令、指示和规章;改变或者撤销地方各级国家行政机关的不适当的决定和命令;(4)

领导和管理各项行政工作；(5)审定行政机构的编制；依照法律规定任免、培训、考核和奖惩行政人员；(6)依照法律规定决定省、自治区、直辖市的范围内部分地区进入紧急状态；(7)批准省、自治区、直辖市的区域划分，批准自治州、县、自治县、市的建置和区域划分；(8)全国人民代表大会和全国人民代表大会常务委员会授予的其他职权。

从上面的列举的职权中，可以看出国务院的职权几乎涉及人民生活的方方面面，因此为了防止国务院行政权力的滥用，对其权力加以限制就是很必要的。虽然行政机构的权力在不断扩大，但是对其制约的机制也在不断完善。从行政机关外部来看，立法机构通过专业化和委员会方式，司法机构通过审判监督的方式都在规范和限制行政机构的权力。从行政机关内部来看，审计、监察、预算管理、法规审查等机构形成了对行政权的内部监督，同时大量专业化的咨询和研究机构的建立，削弱了行政机关制定政策的随意性。另外随着技术的进步，互联网的发展使公民在公众参与和意见表达上发挥着越来越重要的作用，也在一定程序上制约着行政权力。

第五节　审判机关和法律监督机关

一、审判机关

审判机关是行使国家审判权的机关，狭义的司法机关指的就是审判机关，即人民法院。现代国家一般都由法院来集中行使审判权。在实行"三权分立"的大部分西方国家，司法权是与立法权、行政权并立的三个权力分支之一，在国家权力系统中占据着重要的地位。从权力的功能角度来说，法院的职能在于解释法律，根据案件的不同情况来适用法律。绝大部分国家的法院对于宪法都有最终解释权，建立了违宪审查的制度体系。作为解释和适用法律的机关，法院的公正性是衡量法院工作的根本指标之一。

二、中国的审判机关
(一)人民法院的性质
根据我国现行宪法第七节有关条款和人民法院组织法的规定，中华人民共和国人民法院是国家的审判机关。人民法院通过审判活动参与国家权力的行使。审判权是指人民法院依法审理和裁决刑事、民事、行政案件和其他案件的权力。人民法院独立行使审判权,任何公民有权拒绝人民法院以外的机关、团体或个人的非法审判。

(二)人民法院的组成、任期和领导体制

按照现行宪法第一百零一条和人民法院组织法第三十四条的规定,各级人民法院院长由同级人民代表大会选举产生,其他法院审判人员由同级人大常委会任免。同时,在直辖市内设立的中级人民法院和在省、自治区内按地区设立的中级人民法院院长由直辖市或省、自治区人大常委会任免。

根据人民法院组织法第三十三条的规定,各级人民法院的院长、副院长、庭长、副庭长、审判员和助理审判员必须是具有选举权和被选举权、年满 23 周岁的公民,并具有法律专业知识。

各级人民法院院长的任期与同级人大的任期相同,均为 5 年;最高人民法院院长连续任职不得超过两届。

宪法第一百二十七条规定:"最高人民法院是最高审判机关。最高人民法院监督地方各级人民法院和专门人民法院的审判工作,上级人民法院监督下级人民法院的审判工作。"宪法第一百二十八条规定:"最高人民法院对全国人民代表大会和全国人民代表大会常务委员会负责。地方各级人民法院对产生它的国家权力机关负责。"

(三)人民法院的组织系统和审级制度

我国的各级人民法院基本上以国家行政区为基础设置的。根据人民法院组织法的规定,我国的审判机关有最高人民法院、地方各级人民法院、军事法院等专门人民法院,其中地方人民法院包括:基层人民法院、中级人民法院和高级人民法院。专门人民法院包括军事法院、铁路运输法院、海事法院、森林法院等。

最高人民法院是最高审判和审判监督机关,审理的案件包括:法律规定由它管辖和它认为应由自己审理的第一审案件;对高级人民法院、专门人民法院判决和裁定上诉和抗诉案件;最高人民检察院按审判监督程序提出的抗诉案件。

高级人民法院审理的案件包括:法律规定由它管辖的第一审案件;下级人

民法院移送审判的第一审案件;对下级人民法院判决和裁定的上诉案件和抗诉案件;人民检察院按审判监督程序提出的抗诉案件。

中级人民法院审理的案件包括:法律规定由它管辖的第一审案件;基层人民法院移送的第一审案件;对基层人民法院判决和裁定的上诉案件;人民检察院按审判监督程序提出的抗诉案件。

基层人民法院审理的案件是除了最高、高级和中级人民法院管辖的第一审案件外,都由基层人民法院管辖。基层人民法院可以设若干派出法庭。派出法庭是基层人民法院的派出机构。相当于法院的一个庭室,具有法院的审判职能,履行法院审判职责。

专门人民法院是指在某些特定部门和系统内设立的审理特定案件的法院。不同于按行政区划设立的地方人民法院,受理案件的范围也与一般的地方人民法院不同。各级专门人民法院按照本系统管理结构设立和划分管辖范围。不服下级专门人民法院的第一审判决和裁定,按照专门人民法院的系统上诉。海事法院行使相等于中级人民法院的职权,不服海事法院一审裁判的当事人直接上诉于当地高级人民法院为二审终审。铁路运输法院只有基层和中级法院二级,不服中级法院一审裁判的当事人,在法定上诉期内可直接向当地高级人民法院提起上诉。

审级制度指的是法院的审理层级制度,即就同一诉讼案件,在下级法院审判后,经当事人上诉或抗诉,再由上级法院进行审理,从而减少裁判错误、实现司法公正和法制统一。我国实行的审级制度是四级两审终审制,凡案件经两级人民法院审理即告终结。对地方各级人民法院所作的第一审判决和裁定,如果当事人不服,可以按法定程序向上一级人民法院上诉;如果人民检察院认为确有错误,应依法向上一级人民法院抗诉;上一级人民法院作出的判决和裁定,是终审的、发生法律效力的判决和裁定,当事人不得再上诉;最高人民法院作为第一审法院审判的案件都是终审判决。

(四)人民法院的审判工作原则

1.独立审判原则。宪法第一百二十六条和人民法院组织法第四条规定:"人民法院依照法律规定独立行使审判权,不受行政机关、社会团体和个人的干涉。"这一原则要求人民法院在审判工作中要以事实为根据、以法律为准绳,独立进行审判,实事求是地对案件作出公正判决和裁定。不受任何组织、领导及其他个人的干涉。人民法院在办理各种案件活动中，一切服从法律，严格依法办事，在职权范围内的活动必须独立进行。依法独立审判原则，是社会主义法制的一项重要原则。审判工作贯彻这一原则有利于保证国家审判权的统一行使，保证国家法律统一执行，保证审判工作正常进行，保证能对案件正确判决。人民法院独立审判，并不是不受任何监督。在我国，人民法院要向同级人大负责并报告工作，接受同级人大常委会的监督。人民检察院是法律监督机关，人民法院执行法律要接受人民检察院依法进行的监督。此外，人民法院独立审判还应该接受人民群众的监督。

2.公民在法律面前一律平等原则。公民在法律面前一律平等原则，要求人民法院对一切公民都必须一律平等对待，一切公民的合法权益，都要依法予以保护，任何公民的违法犯罪行为，都要依法予以追究。适用法律一律平等，还要求在适用法律上不能有任何歧视，对公民一律平等对待，不能因公民的家庭出身、地位高低等非法定条件而对某些公民有不公正的待遇，任何组织和个人都不得有超越宪法和法律的特权。

3.被告人有权获得辩护原则。宪法第一百二十五条规定："人民法院审理案件，除法律规定的特别情况外，一律公开进行。被告人有权获得辩护。"被告人有权获得辩护，是宪法和有关法律规定的一项重要的司法原则和制度，是国家赋予被告人保护自己合法权益的一种重要诉讼权利。在刑事诉讼中，被告人和他的辩护人有权根据事实和法律，提出证明被告人无罪、罪轻或者免除、减轻刑事处罚的材料和意见，以维护被告人的合法权益。有关法律规定了被告人行使辩护权利的具体制度，必要时人民法院应当为被告人指定承担法律援助义务的律师担任被告人的辩护人。实行辩护制度，有助于人民法院全面客观地认定案件事实，正确适用法律，公正判决或裁定案件以及避免错案冤案的发生。

4.使用本民族语言文字进行诉讼原则。宪法第一百三十四条规定："各民族公民都有用本民族语言文字进行诉讼的权利。人民法院和人民检察院对于不通晓当地通用的语言文字的诉讼参与人，应当为他们翻译。在少数民族聚居或者多民族共同居住的地区，应当用当地通用的语言进行审理；起诉书、判决书、布告和其他文书应当根据实际需要使用当地通用的一种或者几种文字。"人民法院组织法第六条也有相关规定。我国是统一的多民族国家，各民族公民都有用本民族语言文字进行诉讼的权利,这是民族平等原则在诉讼制度方面的具体表现,宪法和法律这一规定,是确保各民族公民平等地享有诉讼的权利和地位,反对民族歧视,维护民族平等和加强民族团结的重要法律保障。贯彻这一原则,有利于人民法院审理案件,有利于当事人行使诉讼权利和履行诉讼义务,有利于人民法院的判决、裁定的执行以及人民法院对人民群众进行法制教育。

5.合议制原则。人民法院组织法第九条规定:"人民法院审判案件,实行合议制。人民法院审判第一审案件,由审判员组成合议庭或者由审判员和人民陪审员组成合议庭进行;简单的民事案件、轻微的刑事案件和法律另有规定的案件,可以由审判员一人独任审判。人民法院审判上诉和抗诉案件,由审判员组成合议庭进行。合议庭由院长或者庭长指定审判员一人担任审判长。院长或者庭长参加审判案件的时候,自己担任审判长。"我国刑事诉讼法、民事诉讼法以及行政诉讼法对合议庭的组成,工作及合议庭成员的权利作出具体规定,并规定了独任审判的适用范围。在我国,绝大多数案件以合议庭形式审判,合议庭审判是我国人民法院审理案件的基本组织形式。合议庭评议案件采取少数服从多数原则,体现了民主集中制原则,保证案件能够充分讨论提高质量。对于疑难、重大案件由合议庭提请院长提交本院审判委员会讨论决定。

6.回避原则。在审判阶段,回避制度是指人民法院受理的案件如果与审判人员有利害关系或其他关系,应当回避。这是为了防止审判人员主观偏向,保护当事人合法权益,保证公正审判的诉讼制度。为保证当事人行使申请回避的权利,人民法院在开庭时,应当向当事人宣布合议庭组成人员及书记员名单,告知当事人有申请回避的权利。是否批准回避申请,由人民法院院长决定。院长的回避,由本院审判委员会决定。

7.公开审判原则。公开审判是指人民法院对受理的案件公开审理和公开宣判。通过公开审理。使当事人充分行使法律规定的诉讼权利,对证据互相质证,明辨是非,便于审判人员查清事实。宪法第一百二十五条规定:"人民法院审理案件,除法律规定的特别情况外,一律公开进行。"人民法院组织法第七条规定:"人民法院审理案件,除涉及国家机密、个人阴私和未成年人犯罪案件以外,一律公开进行。"刑事诉讼法、民事诉讼法及行政诉讼法都针对各类案件作出了具体规定,保证公开审判原则的切实贯彻。公开审判是人民法院各项诉讼制度和原则的中心环节。审判活动公开,可以把人民法院的审判活动直接置于当事人及人民群众的监督之下,有助于增强审判人员的责任感,改进审判作风,严格依法办事,从而保证审判质量,防止冤假错案的发生。还可以使旁听群众受到深刻的法制教育,对犯罪分子起到威慑作用,达到减少犯罪的效果。

三、中国的法律监督机关

(一)人民检察院的性质与职能

现行宪法第一百二十九条规定:"中华人民共和国人民检察院是国家的法律监督机关。"这一规定明确了人民检察院的性质。从人民检察院的法律监督实践来看,人民检察院的法律监督主要是对国家机关、国家机关工作人员是否违反刑法实行监督,以及对在刑事诉讼中公安机关、人民法院和监狱等机关的活动是否合法实行监督,并包括对人民法院的民事审判和行政审判活动的事后监督。

(二)人民检察院的组成和任期

根据宪法和人民检察院组织法的规定,各级人民检察院设检察长一人,副检察长和检察员若干人。最高人民检察院检察长由全国人民代表大会选举和罢免。最高人民检察院副检察长、检察员、检察委员会委员和军事检察院检察长,由最高人民检察院检察长提请全国人民代表大会常务委员会任免。地方各级人民检察院检察长由同级人民代表大会任免,并须报上一级人民检察院检察长提请该级人大常委会批准。地方各级人民检察院的其他组成人员,由检察长提请本级人大常委会任免。

根据宪法和人民检察院组织法以及地方组织法规定,各级人民检察院检察长的任期,与本级人大每届任期相同,都是 5 年。最高人民检察院检察长连续任职不得超过两届。

(三)人民检察院的组织体系与领导体制

根据宪法和人民检察院组织法的规定,我国人民检察院的组织体系包括:全国设立最高人民检察院、地方各级人民检察院和专门人民检察院。地方各级人民检察院分为:省、自治区、直辖市人民检察院;省、自治区、直辖市人民检察院分院,自治州和设区的市人民检察院;县、不设区的市、自治县和市辖区人民检察院。专门人民检察院包括军事检察院、铁路运输检察院等。省一级人民检察院和县一级人民检察院,根据工作需要,提请本级人民代表大会常务委员会批准,可以在工矿区、农垦区、林区等区域设置人民检察院,作为派出机构。

根据宪法和人民检察院组织法的规定,人民检察院实行双重从属制,既要对同级国家权力机关负责,又要对上级人民检察院负责。国家权力机关对人民检察院的领导,主要表现在人大及其常委会选举、罢免或者任免人民检察院主要组成人员,审议工作报告,进行各种形式的监督等。

检察系统实行最高人民检察院领导地方各级人民检察院和专门人民检察院的工作,上级人民检察院领导下级人民检察院的工作的领导体制。下级人民检察院必须接受上级人民检察院的领导和最高人民检察院的领导,对上级人民检察院负责。这种垂直领导体制主要表现在两方面:(1)人事任免。省、自治区、直辖市人民检察院检察长的任免,须报最高人民检察院检察长提请全国人大常委会批准。自治州、设区的市、县、不设区的市、市辖区人民检察院检察长的任免,须报上一级人民检察院检察长提请该级人大常委会批准。(2)业务领导。对于下级人民检察院的决定,上级人民检察院有权复核改变;上级人民检察院的决定,下级人民检察院必须执行。当下级人民检察院在办理案件中遇到自己不能解决的困难时,上级人民检察院应及时给予支持和指示,必要时可派人协助工作,也可以将案件调上来由自己办理。

在人民检察院内部实行检察长统一领导与检察委员会集体领导相结合的领导体制。检察长对检察机关的工作享有组织领导权、决定权、任免权、提请任免权、代表权等,并负有全面的领导责任。检察委员会在检察长的主持下,按照民主集中制原则,讨论决定重大案件和其他重要问题。如果检察长在重大问题上不同意多数人的意见,可以报请本级人大常委会决定。

(四)人民检察院的职权

根据我国宪法和人民检察院组织法等有关法律的规定,人民检察院主要行使以下几项职权:

1.侦查权。即对违反刑法的犯罪案件特别是重大刑事案件的直接受理、立案侦查权。人民检察院对于叛国、分裂国家案件以及严重破坏国家法律、法规、政策统一实施的重大犯罪案件,行使检察权。这也称为特种法纪监督。对贪污贿赂犯罪,国家工作人员的渎职犯罪,国家机关工作人员利用职权实施的非法拘禁、刑讯逼供、报复陷害、非法搜查的侵犯公民人身权利的犯罪以及侵犯公民民主权利的犯罪等案件,进行立案侦查。

2.批准逮捕和提起公诉。公安机关要求逮捕犯罪嫌疑人时,应当提请人民检察院审查批准,人民检察院根据情况分别作出批准逮捕或者不批准逮捕的决定。公安机关侦查终结的案件和人民检察院直接受理侦查终结的案件,均由人民检察院审查作出提起公诉、不起诉或者撤销案件的决定。人民检察院对刑事案件提起公诉,并派员出席法庭支持公诉。

3.侦查监督。人民检察院对于公安机关的侦查活动是否合法实行监督。人民检察院发现公安机关的侦查活动有违法情况时,有权通知公安机关予以纠正,公安机关应当将纠正情况通知人民检察院。

4.审判监督。人民检察院对人民法院的审判活动是否合法实行监督。在刑事诉讼中,人民检察院如发现人民法院审理案件违反法律规定的诉讼程序,有权向人民法院提出纠正意见;地方各级人民检察院如认为本级人民法院第一审判决、裁定确有错误,有权按照上诉程序提出抗诉;最高人民检察院对各级人民法院已经发生法律效力的判决和裁定,上级人民检察院对下级人民法院已经发生法律效力的判决和裁定,如果发现确有错误,有权按照审判监督程序向同级人民法院提出抗诉。在民事诉讼和行政诉讼中,人民检察院对人民法院已经发生法律效力的判决和裁定,如发现违反法律、法规规定的,也有权按照审判监督程序提出抗诉。

5.执行监督。人民检察院对监狱和其刑罚执行机关执行刑事判决、裁定的活动是否合法实行监督,如果发现有违法情况,有权通过执行机关予以纠正。这种监督还包括人民检察院对人民法院执行死刑、裁定减刑和假释等活动的监督等。

第六节 军事领导机关

一、中央军事委员会的性质和地位

军事权是国家权力的重要组成部分,兼有对外和对内的职能。军队在国家安全、生产建设、救助灾难等方面起着十分重要的作用,也在国家体制中居于重要地位。

宪法第九十三条规定:"中华人民共和国中央军事委员会领导全国武装力量。"宪法第九十四条规定:"中央军事委员会主席对全国人民代表大会和全国人民代表大会常务委员会负责。"

二、中央军事委员会的组成和任期

根据宪法第九十三条规定,中央军事委员会由主席、副主席若干人、委员若干人组成。根据宪法第六十二条规定,中央军委主席由全国人大选举产生;根据主席的提名,全国人大决定其他组成人员的人选。全国人大有权罢免主席和其他组成人员。在全国人大闭会期间,全国人大常委会根据主席的提名,决定其他组成人员的人选。中央军委每届任期同全国人大每届任期相同,但没有届数限制。

在1993年以后,中国形成了中共中央总书记、国家主席和中央军委主席"三位一体"的领导体制,在这种领导体制下,一般都是由党的总书记和国家主席兼任中央军委主席。

三、中央军事委员会的领导体制

根据宪法第九十四条规定,中央军委主席对全国人大及其常委会负责,从而确认中央军委在中央国家机关体系中从属于最高国家权力机关的法律地位,也确认了我国的武装力量属于人民的性质。

第七节　地方制度

一、地方制度概述

地方制度是一个国家宪法制度中的重要组成部分,体现了国家权力在纵向上的分配情况,也体现了国家与公民之间的联系,对于整个国家的组织架构具有基础性影响的地方政府,是理解地方制度的核心概念,也是宪法学的一个重要范畴,而所谓的地方政府则是相对于中央而言的,其本质的权力构造来源于中央与地方关系。在中国,中央和地方之间自古以来就不断演绎着错综复杂的博弈。毛泽东在其著名的《论十大关系》一文中就指出:"处理好中央和地方的关系,这对于我们这样的大国大党是一个十分重要的问题。"在任何一个国家,中央与地方的关系都将直接决定整个国内政府间关系的基本格局。因为中央与地方的关系决定着地方政府在整个国家机构体系中的地位、权力范围和活动方式,从而也就决定了地方政府体系内部各级政府间的关系,决定了地方政府之间的关系。

中央与地方关系在世界范围内,主要存在着两种模式,一种是联邦制,或称为复合制;一种是单一制。

联邦制(Federation)是由两个或两个以上的政治实体(共和国、州、邦)结合而成的一种国家结构形式,是中央政府与地区政府分享宪制上的主权,以及拥有不同事项的管辖权的政治体系。

单一制是一种国家结构形式,指中央政府拥有所有政治权力,与复合制相对,现在世界上大多数国家都采用单一制。大多数实行单一制的国家都会成立地区行政区域及地方政府,来协助管理地区事务。可是,这些地区行政区域的所有权力都授权于中央政府,而中央政府亦可随时废除或成立新的行政区域。单一制国家只有一部统一的宪法以及统一的法律体系,国家具有统一的立法、行政、司法系统,国民具有统一的国籍身份。

二、中国的地方制度

中国的地方制度历史悠久,期间也经历了复杂的变化。我国现行的地方制度是主要采用了单一制的模式,在此基础上根据各个地方的不同情况,分别建立了民族区域自治、特别行政区等制度作为单一制国家结构形式的重要补充和组成部分。

我国单一制下的行政区划如下:全国分省、自治区、直辖市;省、自治区分为自治州、县、市;县、自治县分为乡、民族乡、镇。直辖市和较大的市分为区、县。自治州分为县、自治县、市。自治区、自治州、自治县都是民族自治地方。国家在必要时得设立特别行政区。

我国行政区域划分的原则有:有利于现代化建设,有利于行政管理,有利于巩固国防,照顾到自然条件和历史状况。中国宪法和法律严格规定了行政区划变更的法律程序:第一,省、自治区、直辖市的设立、撤销、更名,报全国人大审议决定。第二,省、自治区、直辖市的行政区域界限的变更,报国务院审批;自治区、县、自治县、市、市辖区的设立、撤销、更名和隶属关系的改变,报国务院审批;自治区、自治县的行政区域界线的变更,县、市的行政区域界线的重大变更报国务院审批。第三,县、市、市辖区的部分行政区域界线的变更,国务院授权省、自治区、直辖市人民政府审批。第四,乡、民族乡、镇的建立、撤销、更名和行政区域界限的变更,由省、自治区、直辖市人民政府审批。

(一)地方各级人民代表大会

1.地方各级人民代表大会的性质、地位、组成和任期。地方各级人民代表大会是本级行政区域内的国家权力机关。地方各级人民代表大会包括:省、自治区、直辖市的人民代表大会;设区的市、自治州的人民代表大会;县、自治县、不设区的市、市辖区的人民代表大会;乡、民族乡、镇的人民代表大会。地方各级人民代表大会是地方国家权力机关,在本行政区域内,同级人民政府、人民法院、人民检察院都由它产生,对它负责,受它监督。

地方各级人民代表大会由人民选举的代表组成。乡、民族乡、镇、县、不设区的市、市辖区的人民代表大会的代表由选民直接选举产生;省、自治区、直辖市、自治州、设区的市的人民代表大会的代表由下级人民代表大会选举产生。地方各级人民代表大会每届任期5年。

2.地方各级人民代表大会的职权。地方各级人民代表大会根据宪法与法律的规定,结合其自身的行政区域的范围大小及特点,分别行使下列职权:

(1)立法权。省、自治区、直辖市的人民代表大会根据本行政区域的具体情况和实际需要,在不同宪法、法律、行政法规相抵触的前提下,可以制定和颁布地方性法规,报全国人民代表大会常务委员会和国务院备案;较大的市(包括省、自治区的人民政府所在地的市,经济特区所在地的市和经国务院批准的较大的市)的人民代表大会根据本市的具体情况和实际需要,在不同宪法、法律、行政法规和本省、自治区的地方性法规相抵触的前提下,可以制定地方性法规,报省、自治区的人民代表大会常务委员会批准后施行,并由省、自治区的人民代表大会常务委员会报全国人民代表大会常务委员会和国务院备案;经济特区所在地的省、市的人民代表大会根据全国人民代表大会的授权决定,制定法规,在经济特区范围内施行,根据授权制定的法规应当报授权决定规定的机关备案;民族自治地方的人民代表大会有权依照当地民族的政治、经济和文化的特点,制定自治条例和单行条例。自治区的自治条例和单行条例,报全国人民代表大会常务委员会批准后生效。自治州、自治县的自治条例和单行条例,报省、自治区、直辖市的人民代表大会常务委员会批准后生效,并由省、自治区、直辖市的人民代表大会常务委员会报全国人民代表大会常务委员会和国务院备案。

(2)监督权与决定权。县级以上的地方各级人民代表大会在本行政区域内,保证宪法、法律、行政法规和上级人民代表大会及其常务委员会决议的遵守和执行,保证国家计划和国家预算的执行;审查和批准本行政区域内的国民经济和社会发展计划、预算以及它们执行情况的报告;讨论、决定本行政区域内的政治、经济、教育、科学、文化、卫生、环境和资源保护、民政、民族等工作的重大事项;听取和审查本级人民代表大会常务委员会的工作报告;听取和审查本级人民政府和人民法院、人民检察院的工作报告;改变或者撤销本级人民代表大会常务委员会的不适当的决议;撤销本级人民政府的不适当的决定和命令。

(3)人事任免权。县级以上的地方各级人民代表大会选举本级人民代表大会常务委员会的组成人员;选举省长、副省长,自治区主席、副主席,市长、副市长,州长、副州长,县长、副县长,区长、副区长;选举本级人民法院院长和人民检察院检察长,选出的人民检察院检察长,须报经上一级人民检察院检察长提请本级人民代表大会常务委员会批准;选举上一级人民代表大会代表。

(4)社会管理权。保护社会主义的公有财产,保护公民私人所有的合法财产,维护社会秩序,保障公民的人身权利、民主权利和其他权利;保护各种经济组织的合法权益;保障少数民族的权利;保障宪法和法律赋予妇女的男女平等、同工同酬和婚姻自由等各项权利。

3.地方各级人民代表大会的工作程序。地方各级人民代表大会主要通过会议进行工作,行使法律规定范围内的职权。县级以上地方人民代表大会会议由本级人民代表大会常务委员会召集,乡、民族乡、镇的人民代表大会会议由上届会议主席团召集。地方各级人民代表大会的会议每年至少举行1次,经1/5以上代表的提议,可以临时召集。地方各级人民代表大会举行会议时,选举主席团主持会议。主席团、常务委员会、各专门委员会、本级人民政府,可以提出属于本级人民代表大会职权范围内的议案,由主席团提交人民代表大会会议审议,或者并交有关的专门委员会审议,提出报告,再由主席团审议决定提交大会表决。县级以上地方各级人民代表大会代表 10 人以上联名,乡、民族乡、镇的人民代表大会代表 5 人以上联名,可以提出议案,由主席团决定是否列入大会议程,或者先交有关的专门委员会审议,提出是否列入大会议程的意见,再由主席团决定是否列入大会议程。地方各级人民代表大会进行选举和通过决议,以全体代表的过半数通过。

4.县级以上地方各级人民代表大会常务委员会。县级以上地方各级人民代表大会常务委员会,是本级人民代表大会的常设机关,对本级人民代表大会负责并报告工作。由本级人民代表大会在代表中选举主任 1 人、副主任若干人和委员若干人组成。其组成人员不得担任国家行政机关、审判机关和检察机关的职务。常务委员会的任期和本级人民代表大会的任期相同。常务委员会会议由常务委员会主任召集,每 2 个月至少举行 1 次。会议决议以全体组成人员的过半数通过。县级以上地方各级人民代表大会常务委员会的主要职权是:对本行政地区域内的工作的重大事项行使决定权;领导或者主持本级人民代表大会的选举,召集本级人民代表大会会议;在本级人民代表大会闭会期间,决定本级人民政府副职领导人的个别任免;根据本级人民政府正职领导人的提名,决定本级人民政府各工作部门正职负责工作人员(即本级政府正、副职领导人以外的政府组成人员)的任免;依法对人民法院的部分审判工作人员和人民检察院的部分检察工作人员的任免;监督本级人民政府、人民法院和人民检察院的工作,撤销下一级人民代表大会及其常务委员会的不适当的决议和本级人民政府的不适当的决定和命令。

(二)地方各级人民政府

1.地方各级人民政府的性质和地位。地方各级人民政府是地方各级人民代表大会的执行机关,是地方各级国家行政机关。地方各级人民政府对本级人民代表大会和上一级国家行政机关负责并报告工作。县级以上的地方各级人民政府在本级人民代表大会闭会期间,对本级人民代表大会常务委员会负责并报告工作。地方各级人民政府一方面要对本级人民代表大会负责,另一方面也要对上一级国家行政机关负责。全国地方各级人民政府都是国务院统一领导下的国家行政机关,都必须服从国务院的统一领导。这种体制有利于保证国家行政活动的统一性,调动地方国家行政机关的主动性,因地制宜地开展工作,也是我国单一制国家结构形式的具体表现。

2.地方各级人民政府的组成和任期。根据现行宪法和《地方各级人民代表大会和地方各级人民政府组织法》的规定,省、自治区、直辖市、自治州、设区的市的人民政府,分别由省长、副省长,自治区主席、副主席,市长、副市长,州长、副州长和秘书长、厅长、局长、委员会主任等组成,每届任期5年。县、自治县、不设区的市、市辖区的人民政府分别由县长、副县长,市长、副市长,区长、副区长和局长、科长等组成,每届任期5年。乡、民族乡的人民政府设乡长、副乡长;民族乡的乡长由建立民族乡的少数民族公民担任;镇人民政府设镇长、副镇长,每届任期5年。省长、副省长,自治区主席、副主席,市长、副市长,州长、副州长,县长、副县长,区长、副区长,乡长、副乡长,镇长、副镇长,分别由本级人民代表大会选举产生。秘书长、厅长、局长、主任、科长分别由本级人民代表大会常务委员会根据省长、自治区主席、市长、州长、县长、区长的提名,决定任免。

地方各级人民政府每届任期与本级人大的任期相同,政府组成人员可以连选连任且无任职届数限制,但实践中只连任一届。地方各级人民政府每届任期5年。

3.地方各级人民政府的领导体制与工作机构。与国务院一致,地方各级人民政府也实行首长负责制,目的也在于保证行政工作的效率和体现责任制的原则。依据民主集中制原则,地方各级人民政府首长对于重大决策问题,需要召开会议进行商讨,在一定的政府成员间进行民主讨论,然后由政府行政首长集中权衡利弊,作出决策,并对决策的后果承担政府责任。

地方各级人民政府可以根据工作需要设立分别管理各种业务的工作部门。省、自治区、直辖市的人民政府设立厅、局、委员会。自治州、县、自治县、市、市辖区的人民政府设局、科,乡、民族乡、镇人民政府不设工作部门。在工作中,有关业务部门既受同级人民政府的领导,又受上一级主管部门的领导或业务指导。

根据宪法和法律的规定,省、自治区人民政府在必要的时候,经国务院批准,可以设立若干行政公署,作为它的派出机关。县、自治县的人民政府在必要的时候,经省、自治区、直辖市的人民政府批准,可以设立若干区公所,作为它的派出机关。市辖区、不设区的市的人民政府,经上一级人民政府批准,可以设立若干街道办事处,作为它的派出机关。派出机关不是一级政权机关,也不设立和召开人大,其任务是执行设立和派出它的人民政府交付的任务,协助上级人民政府做好对辖区内的下级人民政府的监督、检查和指导工作。派出机构的性质相当于政府的一个工作部门,所以对它们的监督工作通常由派出机构负责。

4.地方各级人民政府的职权。根据宪法和《地方各级人民代表大会和地方各级人民政府组织法》的规定,地方各级人民政府主要行使以下职权:

(1)执行权。地方各级人民政府要执行本级人大及其常委会的决议,执行上级人民政府的决定和命令。为此目的,县以上地方各级人民政府可以规定行政措施,发布决定和命令,省、自治区、直辖市以及省、自治区人民政府所在地的市和经国务院批准的较大的市的人民政府还可以根据法律和行政法规制定行政规章。

(2)监督权。县以上地方各级人民政府领导所属各工作部门和下级人民政府的工作,有权撤销所属工作部门和下级人民政府不适当的命令、指示、决定,任免、考核行政工作人员。

(3)社会管理权。地方各级人民政府管理本行政区域内的经济、教育、文化、科学、体育、卫生、民政、公安等行政工作,完成上级人民政府交办的事项;县以上地方各级人民政府还负责城乡建设、民族事务和监察工作,执行国民经济和社会发展计划以及预算方案。

(4)权利保障职责。地方各级人民政府应保护公有财产及公民私人所有的合法财产;要维护社会秩序,保护公民的人身权利和民主权利和其他权利;保护各种经济组织的合法权益,保障少数民族的权利和尊重少数民族的风俗习惯,帮助本行政区域内各少数民族聚居的地方依照宪法和法律实行区域自治,帮助各少数民族发展政治、经济和文化的建设事业;保障宪法和法律赋予妇女的男女平等、同工同酬和婚姻自由等各项权利。

第八节 地方自治制度

一、自治权界说

"自治"一词,在不同国家或不同地区的不同时期,具有不同的含义。自治,顾名思义就是自我治理,是自己对自己的统治,自己对自己立法,将自治的范围不断扩大至群体、地区、社团、政府等就形成了各式各样的自治机构。在宪法的范围内,自治的主要含义就是建立自治性的政府。自治的形式可以是多种多样的,比如地方自治、行业自治、社会组织自治,但它们的核心都是自治权。

我国现行宪法明确规定了三类自治制度,但是自治权的内容各不相同。

宪法第一百一十六条至一百二十一条详细规定了民族区域自治地方所享有的自治权。民族区域自治体现了我国对于民族地区自治权的尊重,也与民族地区的历史和政治情况有一定的关系。就宪法对于民族区域自治权规定的内容来看,主要包括人事权、立法权、财政权、治安权、文化权等。

宪法第三十一条规定了特别行政区的设置,虽然宪法并未详细规定特别行政区的自治权内容,但是特别行政区基本法对于特区的自治权有着相当明确的规定。特别行政区拥有高度自治权,不仅拥有立法权、行政管理权,还有独立的司法权和终审权。

宪法第一百一十一条规定,城市和农村按居民居住地区设立的居民委员会或者村民委员会是基层群众性自治组织。居民委员会、村民委员会设人民调解、治安保卫、公共卫生等委员会,办理本居住地区的公共事务和公益事业,调解民间纠纷,协助维护社会治安,并且向人民政府反映群众的意见、要求和提出建议。

二、民族区域自治

(一)民族区域自治的概况

民族区域自治制度是我国单一制下解决民族问题、保障各少数民族自治权的独具中国特色的基本政治制度。所谓民族区域自治,是指在国家的统一领导下,以少数民族聚居区为基础,建立相应的自治地方,设立自治机关,行使自治权,使实行区域自治的民族的人民自主地管理本民族地方性事务制度。宪法第四条规定:"中华人民共和国各民族一律平等。国家保障各少数民族的合法的权利和利益,维护和发展各民族的平等、团结、互助关系。……各少数民族聚居的地方实行区域自治,设立自治机关,行使自治权。各民族自治地方都是中华人民共和国不可分离的部分。"《中华人民共和国民族区域自治法》是实施宪法规定的民族区域自治的基本法律,该法在序言中明确规定:"中华人民共和国是全国各族人民共同缔造的统一的多民族国家。民族区域自治是中国共产党运用马克思列宁主义解决我国民族问题的基本政策,是国家的一项基本政治制度。"

在中国,实行民族区域自治制度,有着深刻的历史背景、文化传统和国情因素。第一,几千年来,中华各民族都把国家统一作为最高的价值追求,"大一统"的理念深入人心。同时,历代王朝都对少数民族地区采取特殊的治理政策,"修其教不易其俗,齐其政不易其宜"。这样的历史文化传统,为民族区域自治提供了历史渊源。第二,中华民族在长期的历史进程中逐步形成了多元一体格局,各民族共同缔造了统一的国家,共同创造了灿烂的文化,特别是近代以来在共御外侮的伟大斗争中结成了牢不可破的血肉联系。这样的民族关系格局,为实行民族区域自治提供了坚实基础。第三,我国各民族大杂居、小聚居,你中有我、我中有你、密不可分,同时在自然条件、经济文化上又各具特色,各方面有着很强的互补性。这样的民族分布特点,为实行民族区域自治提供了现实条件。我国的民族区域自治,既承续历史传统,又符合现实国情;既维护了国家的统一和中央的集中领导,又照顾了民族地区的差异和特点;既充分体现了中华民族的一体性,又充分体现了各民族的多元性。

我国民族区域自治,将民族要素与区域要素有机结合起来。民族要素专指少数民族,区域要素是指少数民族聚居区为基础而实行自治的空间区域。我国现有 155 个民族自治地方,包括 5 个自治区、30 个自治州、120 个自治县(旗)。民族乡不是民族自治地方,它是同乡、镇一样的基层行政单位。我国的民族自治地方具有广泛性,全国 55 个少数民族中已有 44 个民族建立了自治地方,实行区域自治的民族人口占少数民族人口的 71% 以上,民族自治地方的面积占全国国土总面积的 64% 左右。

民族自治地方的自治机关具有双重性:一方面它作为一级地方国家政权机关,在其产生、任期、职权以及组织活动等方面,与其他地方同级人大和人民政府大致相同。另一方面,它在民族成分和权限等方面又与普通地方国家政权机关有所不同,它除了行使地方国家机关的职权,还依据宪法和民族区域自治法的规定行使自治权。

（二）民族区域自治权

根据现行宪法和民族区域自治法的规定,民族自治地方的自治机关,除了可以行使和它同级的一般国家机关的职权之外,还可以行使自治权。自治权的主要内容包括:制定自治条例和单行条例;变通或停止执行上级国家机关某些决定的权利;管理地方财政的自主权;依照国家的军事制度和当地实际需要,经国务院批准,可以组织本地维护社会治安的公安部队;自主安排和管理本地方的经济建设事业;自主地管理本地方的教育、科学、文化、卫生、体育事业;使用和发展本民族的语言文字;管理本地方其他事务。

（三）坚持和完善民族区域自治

民族区域自治制度是我国的一项基本政治制度,在新的历史形势和国内国际环境下,少数民族地区的稳定与发展出现了一些新情况和新问题,因此要坚持和完善民族区域制度,需要做好以下几个方面的工作:在宪法和民族区域自治法的指导下,继续坚持贯彻一系列有利于民族区域自治制度的基本政策,维护和发展各民族的平等、团结、互助关系,保障少数民族的合法权益;大力帮助少数民族地区发展经济和文化。由于历史和地理位置等原因,少数民族地区的经济文化相对来说比较落后,帮助少数民族地区发展经济、文化教育事业,改变其落后状态,是实行民族平等团结的重要方面,也是实行民族区域自治的重要措施;禁止对任何民族的歧视和压迫,禁止破坏民族团结和制造民族分裂;进一步加强民族区域自治地方的依法治理,普及法律常识,提高法律意识是民族区域自治地方依法治理的基础;健全和完善民族法规是民族区域自治地方依法治理的重要补充。

三、特别行政区制度

（一）特别行政区的概念及特点

现行宪法第三十一条规定:"国家在必要时得设立特别行政区。在特别行政区内实行的制度按照具体情况由全国人民代表大会以法律规定。"特别行政区是我国为以和平方式解决历史遗留下来的香港问题、澳门问题和台湾问题而设立的特殊的地方行政区域。特别行政区的建立构成了我国单一制的一大特色,是马克思主义国家学说在我国具体情况下的创造性运用。相对于我国的其他地方行政区域,特别行政区具有以下特点:

1."一国两制"。在特别行政区实行不同于祖国内地的政治和经济制度。我国宪法和特别行政区基本法规定实行"一国两制",即在统一的中华人民共和国境内,大陆主体部分实行社会主义制度;在这一前提下,为解决香港、澳门、台湾地区历史遗留下来的问题,根据宪法的规定建立特别行政区,在一个相当的时期内,保持原有的资本主义社会经济制度和生活方式,不实行社会主义的制度和政策。

2.高度自治。特别行政区是统一的中华人民共和国的一个地方行政区域,直辖于中央人民政府,但与其他一般行政区域不同,它实行高度自治,依照法律的规定享有立法权、行政管理权、独立的司法权和终审权。特别行政区可以使用自己的货币,财政独立,收入全部用于自身需要,不上缴中央人民政府,中央人民政府不在特别行政区征税。特别行政区的高度自治权是通过特区基本法实现的,基本法对于特区的自治权和中央管理的事务有较为明确的划分。特别行政区的事务由当地人进行管理。即特别行政区的政权机关由当地人组成,中央人民政府不派遣干部到特别行政区政府担任公职。行政长官在当地通过选举或协商产生,由中央人民政府任命。担任主要职务的官员由行政长官提名,报中央人民政府任命。特别行政区法院的法官,根据当地法官和法律界及其他方面知名人士组成的独立委员会推荐,由行政长官任命。这是特别行政区政府的最大特点之一。另外,特别行政区居民享有特别行政区基本法和法律规定的权利和自由。

特别行政区与省、自治区和直辖市都属于直辖于中央人民政府的地方政权,但它与省、自治区和直辖市相比,除享有高度自治权外,还有以下特殊性:

第一,在我国一般地方政权体系中,省、自治区、直辖市属于最高的一级地方政权,在其下还有市、县、乡、镇等行政单位;根据特区基本法的规定,特别行政区不再下设任何政权单位。

第二,中央对特别行政区和省、自治区、直辖市的干预程度不同。省、自治区、直辖市必须执行中央及有关部门制定的行政规章、政策及措施,中央有关部门可以直接下达各种指令、指示、命令。而根据特别行政区基本法,中央对特别行政区的事务管得比较少,中央人民政府所属各部门则不得干预特别行政区的事务。

第三,实施的法律不同。中央政府除为特别行政区制定基本法外,全国性法律极少可以在特别行政区实施,特别行政区所实施的法律自成体系。

（二）特别行政区的自治机关

依照现行宪法和特别行政区基本法的规定,特别行政区的自治机关是行政长官、政府、立法会和各级司法机关。

1.特别行政区行政长官。行政长官是特别行政区的首长,代表特别行政区,对中央人民政府和特别行政区负责。同时,行政长官也是特别行政区政府的首长,对特区立法会负责。行政长官由年满40岁,在特别行政区通常居住连续满20年,并在外国无居留权(澳门基本法没有此项规定)的特别行政区永久性居民中的中国公民担任。行政长官任期五年,可以连任一届。行政长官就职时,必须依法宣誓拥护基本法,效忠特别行政区。行政长官一般在国家主席或国务院总理的监誓下完成宣誓。行政长官通过选举或协商产生,由中央人民政府任命。

2.行政机关。特别行政区政府是特别行政区的行政机关,必须遵守法律,对立法会负责。特区政府的首长是行政长官;政府设政务司、财政司、律政司和各局、处、署。行政机关的主要官员由行政长官提名报请中央人民政府任命。基本法规定,主要官员由在特别行政区通常居住连续满15年并在外国无居留权(澳门基本法没有此项规定)的特别行政区永久性居民中的中国公民担任。

3.立法机关。立法会是特别行政区的立法机关,根据基本法的规定,它享有广泛的权力:第一,立法权。根据基本法的规定并依照法定程序制定、修改和废除法律。第二,财政权。根据政府的提案,审核、通过财政预算;批准税收和公共开支。第三,监督权。听取行政长官的施政报告并进行辩论;对政府的工作进行质询;就任何有关公共利益的问题进行辩论。第四,任免权。同意终审法院和高等法院首席法官的任免;对有严重违法和渎职而不辞职的行政长官,可以提出弹劾案,报中央人民政府决定。

4.司法机关。香港特别行政区设立终审法院、高等法院、区域法院、裁判署法庭和其他专门法庭。高等法院设上诉法庭和原诉法庭。原在香港实行的司法体制,除因设香港特别行政区终审法院而产生变化外,予以保留。澳门特别行政区设立初级法院(包括行政法院)、中级法院和终审法院,初级法院还可根据需要设立若干专门法庭。行政法院是管辖行政诉讼和税务诉讼的法院,不服行政复议裁决者,可向中级法院上诉。终审法院是澳门特别行政区的最高法院,行使澳门特别行政区终审权。

香港特别行政区没有单独的检察机关,其检察职能属于律政司,因为在普通法系地区,律政司不属于司法机关,属于行政机关。澳门属于大陆法系,设独立的检察机关,并属于司法机关的范畴。

(三)特别行政区的自治权

就自治权的本义来说,特别行政区所行使的自治权是管理本地区内部事务和地方事务的权利。我国现行宪法第三十一条和第六十二条第十三项关于特别行政区的设立及其所实行的制度由全国人大决定的规定,表明了特别行政区对中央人民政府的隶属关系。特区基本法中关于特别行政区是中华人民共和国一个享有高度自治权的地方行政区域,直辖于中央人民政府的规定,是宪法规定的具体化。中央人民政府与特别行政区的关系是单一制下中央与地方之间的关系,特别行政区的自治权来源于中央的依法授予,而不是其本身固有的。特别行政区的高度自治权的唯一来源是中央授权。根据宪法和基本法的规定,特别行政区享有的高度自治权不是完全自治,也不是分权,而是中央授予的地方事务管理权。高度自治权的限度在于中央授予多少权力,香港特别行政区就享有多少权力,不存在"剩余权力"的问题。

特别行政区享有高度自治权,但它不享有国家主权,没有外交和国防方面的权力,也不是一个独立的政治实体,其法律地位相当于省、自治区和直辖市。根据基本法的规定,中央人民政府负责管理特别行政区涉及外交、国防等国家主权方面的事务。主要是:负责管理与特别行政区有关的外交事务;负责管理特别行政区的防务;任命行政长官和主要官员;决定特别行政区进入紧急状态;修改和解释特别行政区基本法等。

根据基本法的规定,特别行政区的高度自治权表现在:

第一,行政管理权。是指特别行政区有权依照基本法的有关规定自行处理有关行政事务,包括特别行政区的经济、财政、金融、贸易、工商业、土地、航运、民航、教育、科学、文化、体育、宗教、劳工、社会服务等事项。

第二,立法权。特别行政区的立法机关有权依据基本法的规定,制定适用于特别行政区的法律。

第三,独立的司法权和终审权。特别行政区法院独立进行审判,不受任何干涉;凡是在特别行政区内发生的案件,以特别行政区的终审法院为最高审级,该特别行政区终审法院的判决即是最终判决。

第四,自行处理有关对外事务的权力。特别行政区有参加外交谈判、国际会议、国际组织的权力;签订国际协议的权力;与外国互设官方、半官方机构的权力;签发特区护照和旅行证件的权力。

第五,高度自治的其他方面。特别行政区境内的土地和自然资源在所有权属于国家的前提下,由特别行政区负责管理、使用、开发、出租,或者批给个人、法人或者团体使用或者开发,其收入全部归特别行政区支配;特别行政区保持财政独立,财政收入不上缴中央人民政府,中央人民政府也不在特别行政区征税,特别行政区自行立法规定税种、税率、税收宽免和其他税务事项;特别行政区的货币体系独立,货币发行权属于特别行政区政府;特别行政区可以使用除中文以外的英文、葡文作为正式语文;特别行政区除悬挂中华人民共和国国旗外,还有自己的区旗、区徽等。

四、基层群众自治
(一)中国基层群众自治的含义

中国的基层群众自治主要表现有城市的居民自治(社区自治)、农村的村民自治。居民委员会和村民委员会都属于基层群众自治组织。根据现行宪法和组织法的规定,我国的人民代表大会制度是以间接代表制为主的,但我们也高度重视和发展基层直接民主。人民群众在城乡基层直接行使民主权利与代表制民主制度的有机结合,保障了人民代表大会制度这一根本政治制度在基层得到延伸。人民群众在基层群众自治实践中,学习和提高了民主协商、民主监督和参政议政能力,为在更高层面上、更广范围内开展政治协商、参政议政奠定了坚实基础。宪法第二条第三款规定:"人民依照法律规定,通过各种途径和形式,管理国家事务,管理经济和文化事业,管理社会事务。"第一百一十一条规定:"城市和农村按居住地区设立的居民委员会或者村民委员会是基层群众性自治组织。"因此,所谓基层群众性自治就是农村或城市特定社区的全体村民或居民,根据宪法、法律、法规的授权,依照民主的方式建立基层自治组织,确立行为规范,办理本社区内的公共事务和公益事业的一种社会管理方式。宪法和法律规定的有关基层群众性自治组织的组织机构、管理方式、自治方法和程序等一系列规范的总和,就称为基层群众性自治制度。它是广大人民自我管理、自我教育、自我服务和民主选举、民主决策、民主管理、民主监督的重要形式,是基层直接民主的体现。基层群众性自治制度的核心问题是村民自治和居民自治。我国基层群众性自治主要有以下三个方面的基本特征:

第一,基层群众性自治具有基层性的特点。基层性这个特点在很大程度上也体现出了地域性。例如,村民自治是以农村居民的一定居住区域为地域范围的,这使得它与地方自治有相似之处,但这种居住区域不是行政区划意义的地方,而是"村"。另外,从基层群众性自治组织的自治内容上看,它所从事的工作,都是村(居)民居住范围内的公共事务和公益事业。

第二,基层群众性自治具有群众性的特点。基层群众性自治的成员是村民或居民,在某个居住区域内,不论性别、年龄、职业、宗教信仰等因素,只要是居住在这个区域的,就自然成为该组织的成员。基层群众性自治组织是基于一定居住范围内居民社会生活的共同需要而建立的,目的是解决居住地范围内的公共事务和公益事业方面的社会问题,如社会治安、公共卫生等。居民(村民)委员会不是一级政权组织,也不是国家机关。它既不以行政区划为基础设立,也不具有特殊的政治、经济目的。因此,它具有广泛的群众基础,是群众性的社会组织。

第三,基层群众性自治具有自治性的特点。这种自主性主要表现在:基层群众性自治组织在法律规定的范围内拥有一定的自主权和自决权,即在法律、法规规定的范围内对本居住区的公共事务和公益事业拥有自治权,行使自己当家作主的民主权利,实行自我管理、自我教育和自我服务;基层群众性自治组织和基层人民政府之间是指导与协助的关系,两者不存在行政隶属关系。村民委员会组织法第五条明确规定:"乡、民族乡、镇的人民政府对村民委员会的工作给予指导、支持和帮助,但不得干预依法属于村民自治范围的事项。村民委员会协助乡、民族乡、镇的人民政府开展工作。"

(二)居民委员会

居民委员会是按照城市居民居住区域设立的,由居民进行自我管理、自我教育、自我服务的基层群众性自治组织。

1.居民委员会的产生与发展。城市居民委员会产生于中华人民共和国成立初期,为维护社会治安,推进土地改革,中国共产党领导城市居民建立了治安保卫委员会、人民调解委员会和居民委员会。1954年12月全国人大常委会颁布了《城市居民委员会组织条例》，用法律的形式对委员会给予肯定。之后，我国城市普遍建立起居民委员会，实行基层群众自治。"文革"期间，居民委员会建设受到挫折，不是被解散就是被改为"革命居民委员会"，失去了基层群众自治的性质。中共十一届三中全会以后，居民委员会工作开始重新走上正轨，1980年1月，全国人大常委会重新颁布了《城市居民委员会组织条例》、《人民调解委员会暂行通则》、《治安保卫委员会暂行条例》，总结了新中国成立以来群众自治的经验教训。1982年宪法以根本大法的形式明确了居民委员会的性质、地位和任务。1989年七届全国人大常委会又依据宪法的规定，在对《城市居民委员会组织条例》修订的基础上，通过了《中华人民共和国城市居民委员会组织法》，标志着我国城市基层群众自治的建设进入到一个新的发展时期。20世纪90年代以前，由于中国城市化率较低，城市人口尚未极度扩张，居民委员会辖区的范围普遍较小。进入21世纪后，随着2000年鼓励居民委员会合并组建社区的政策的出台，原有的居民委员会经过合并重组，管理机构变为"居民委员会"或"社区居民委员会"。但管辖范围扩大，职能也有所调整，增加了很多社会福利工作。

2.居民委员会的职责。宪法第一百一十一条第二款规定：居民委员会"设人民调解、治安保卫、公共卫生等委员会，办理本居住地区的公共事务和公益事业，调解民间纠纷，协助维护社会治安，并且向人民政府反映群众的意见、要求和提出建议"。城市居民委员会组织法对居民委员会的职责作了具体规定。

3.居民委员会的组织体系。根据城市居民委员会组织法的规定，居民委员会根据居民居住状况，按照便于居民自治的原则，一般在一百至七百户的范围内设立。居民委员会的设立、撤销、规模调整，由不设区的市、市辖区的人民政府决定。

（三）村民委员会

村民委员会是我国宪法规定的基层群众自治性组织之一，是村民实现自我管理、自我教育、自我服务的自治组织。村民委员会是在总结城市居民委员会经验的基础上把社会主义民主扩大到农村的一项重要措施，是我国农村经济体制改革的必然产物。

1.村民委员会的产生与发展。1978 年中国改革开放之后,农村开始实行家庭联产承包责任制。在坚持土地集体所有制的基础上,农民家庭取得了承包土地的经营自主权。绝大多数乡村不再实行土地的集体经营,原有的"人民公社"解体。发生这一变革后,农村的公共事务由谁管理、怎样管理,成为一个迫切需要解决的新问题。在这种情况下,一些地区的农村群众,就商量订立具有契约性质的村规民约,由各家各户出力,以群众自己组织起来进行自治的形式,负责管理农田灌溉、防火、防盗等本村的公共事务和公益事业。农民群众尝试的这种自我管理、自我服务的组织形式,经各级党和政府总结经验,并加以推广、提高,就逐步演变成了村民委员会这种基层农民自治组织。我国最早的村民委员会产生在广西壮族自治区罗城县和宜山县的一些村,是由农民自发组织起来的。

1982 年宪法,把村民委员会的性质、地位和作用以及组织原则作了具体的规定。1983 年,全国普遍开展了由生产大队改建村委会的活动。1987 年,全国人大常委会通过了《村民委员会组织法(试行)》并于 1988 年 6 月开始施行。这是第一部确认和明确规范村民自治制度的全国性法律。1990 年全国各地农村开展了村民自治示范活动。1998 年全国人大常委会通过了《村民委员会组织法》,标志着我国农村基层民主政治建设的完善进入了新的历史时期,也标志着农村基层民主已经初步形成了一套制度化的运作模式。

2.村民委员会的性质。村民委员会组织法第二条对村民委员会的性质作了明确规定:"村民委员会是村民自我管理、自我教育、自我服务的基层群众性自治组织,实行民主选举、民主决策、民主管理、民主监督。"根据以上规定,村委会的性质是农村基层群众性自治组织。它不同于政权组织,不享有和行使国家权力;也不同于农村经济组织及其他群众团体,通常不能被视为民事法律关系的主体;它也不同于共青团、妇联等社会政治组织,它是由全体村民实行自治的组织实体。

村民委员会包含两层含义:一是指由广大村民组成的自治共同体;一是指由村民选举产生的村委会成员,即主任、副主任和委员。村委会成员是村民选举出来为村民服务的,是村民自治的具体组织者和执行者。村民自治的根本途径和形式是村民会议和村民代表会议。村民通过村民会议和村民代表会议行使当家作主的权利。涉及全村村民切身利益的事,都必须由村民会议或村民代表会议按照少数服从多数的原则讨论决定,而不是由村委会成员几个人决定。村民是自治权利的享有者。真正由村民当家做主,是发展农村基层直接民主的本质和核心。

3.村民委员会的职责。宪法第一百一十一条第二款规定:村民委员会"设人民调解、治安保卫、公共卫生等委员会,办理本居住地区的公共事务和公益事业,调解民间纠纷,协助维护社会治安,并且向人民政府反映群众的意见、要求和提出建议"。村民委员会组织法对村民委员会的职责作了具体规定。

4.村民委员会的组织体系。根据村民委员会组织法的规定,村民委员会根据村民居住状况、人口多少,按照便于群众自治,有利于经济发展和社会管理的原则设立。根据我国绝大多数农村的现实状况,村民委员会一般设立在自然村一级;几个自然村可以联合设立一个村民委员会;大的自然村可以设立几个村民委员会。村民委员会的组织机构由村民委员会、村民委员会下属各委员会、村民小组和村民会议组成。村民委员会的设立、撤销、范围调整,由乡、民族乡、镇的人民政府提出,经村民会议讨论同意,报县级人民政府批准。

第五章　宪法变迁与违宪审查

第一节　宪法变迁

一、宪法变迁的含义

宪法的生命力在于其能够通过自身的适应性来处理纷繁芜杂的人类事务,进而树立其权威性与稳定性,但是宪法条文和其他法律条文一样都会随着时代的发展而不断演变,制宪者们几乎不可能预料到未来世事的复杂变化,因此宪法在措辞上更多地呈现出原则性、概括性和笼统性。宪法在条文上的这种模糊的性质,使得其具有很大的变化空间,而宪法就是在这些模糊区域不断地生长。

在成文宪法的国家,一般对于宪法的修改都设置了较普通法律更高的门槛和难度,这一方面为了使宪法保持稳定,另一方面也是对于少数群体权利的一种保护。由于宪法的修改不是那么容易,因此透过宪法解释来使宪法适应社会的发展变化就成为了一个重要的制度路径,也能够使宪法常用常新,成为真正的"活的宪法"。

所谓宪法变迁,是指在宪法条文不改变的情况下,通过宪法解释、宪法惯例、政治实践等因素可以逐步地扩展和变更宪法条文的具体含义,使之能够与时俱进。[①] 当然,宪法变迁并不完全排斥宪法修改,而且宪法修改也是宪法变迁的一种重要存在形式。就宪法变迁的社会原因来看,它是随着经济、政治、

---

① 参见秦前红:《宪法变迁论》,武汉大学出版社 2002 年版,第 2 页。

文化的变迁而发生变化的。宪法变迁的形式有时比较剧烈,比如以通过暴力革命而促成的宪法变迁,就很可能使前后两部宪法之间出现巨大断层;有时则比较缓和,比如通过长达十几年,甚至几十年不断地进行宪法解释,使宪法的含义慢慢发生变化。宪法变迁的具体形式比较多,大致包括以下六种情况:(1)通过立法的方式使宪法发生变迁;(2)修改宪法;(3)宪法解释;(4)宪法惯例;(5)宪法全面革新;(6)宪法文字的自然变更。在这些宪法变迁的方式中,主要的三种是:宪法解释、宪法修改和宪法惯例。

二、宪法解释

宪法解释是最主要、最常见的宪法变迁方式。宪法的解释对于宪法的实施来说几乎是必不可少的,对于像宪法这样用笼统性的语言铸就的法律条文,没有宪法解释,宪法就将失去其生命力。良好的宪法离不开宪法解释。

宪法解释是一项重要的国家权力,因此行使宪法解释权的机关就显得尤为重要。很多国家的宪法中,对于宪法的解释机关都有明确的规定,以增强宪法解释的正当性和权威性。各国根据自身的实际情况,设置了不同的释宪机关,主要有立法机关、普通法院、宪法法院和"特别机关"四种。

我国是将立法机关作为释宪机关。现行宪法第六十七条规定,全国人大常委会行使解释宪法的职权。但到目前为止,这一规定除了显示释宪权的重要性以外,尚未被全国人大常委会的实践所落实。中共十八届四中全会通过的《中共中央关于全面推进依法治国若干重大问题的决定》强调:"完善全国人大及其常委会宪法监督制度,健全宪法解释程序机制。"

三、宪法修改

宪法修改,是指有权修宪的主体依照宪法规定的程序和方式对宪法内容进行变更的活动。宪法的修改,相比于宪法解释,不只变动较大且影响更为深远。但修改的原因与解释之必要性,基本上是为适应社会变迁及国家发展之需要。当借由宪法解释的路径仍无法达到适应社会变迁的目标时,宪法修改便成为必要的选择。

我国自 1954 年颁布第一部宪法以来,分别于 1975 年、1978 年和 1982 年做了三次全面修改。现行的 1982 年宪法在 1988 年、1993 年、1999 年和 2004

年以宪法修正案的形式修改,共有 31 条宪法修正案。需要注意的是,修宪并不只是一个法律结果,而且也是一种法律程序。现行宪法第六十四条规定:"宪法的修改,由全国人民代表大会常务委员会或者五分之一以上的全国人民代表大会代表提议,并由全国人民代表大会以全体代表的三分之二以上的多数通过。"这个修宪提案的门槛显然是非常高的。在实践中,也都是由全国人大常委会提出修宪提案的。

(一)宪法修改的范围

各国宪法对于宪法可以修改的范围,在理论和实践上都并不一致。大体而言,可以分为两种情况:一种是允许全面修改,即宪法的任何条文都可以进行修改;第二种则是存在若干不可被修改的宪法条文,只允许对宪法做局部修改。

1.全面修改。宪法的全面修改是在原有宪法的基础上全面修订并重新公布宪法文本的修改方式,其实质是以一部新宪法代替旧宪法。从外在形式上来看,全面修宪和宪法制定有相似之处,都会产生一部内容和形式全新的宪法。但是全面修改是在国家政权的性质未变更的前提下按照宪法所规定的修宪程序进行的。我国 1982 年宪法是在 1954 年宪法的基础上修改形成的,是一种全面修改。之所以会出现宪法全面修改的情况,很大程度上是因为宪法的基本指导思想、基本原则或者绝大部分内容已经不能适应社会实际。宪法全面修改的优点是有利于宪法结构和内容上的协调统一,使宪法及时适应变动后的社会。其缺点是有时候全面修改可能会背离正常的法定程序,政治稳定有可能受到一定的冲击。因此,在一般情况下,不宜轻易采用全面修宪的方式。宪法的变动应该遵循切实必要性的原则,全面修宪对于宪法的稳定性价值有较大的负面影响,应尽量避免。当然,这只是学者们从理论上对全面修改宪法的一种价值判断,在实践中是否要采用全面修宪的方式仍然要取决于政治力量对比变化的剧烈程度。

2.局部修改。宪法的局部修改是指修宪主体按照宪法修改程序,以决议、宪法修正案等形式对宪法中的部分内容进行的修改。这种修改方式只能修改宪法的个别条文,不能修改宪法的某些关键部分。这也是大多数国家所经常采用的修宪模式。为了使局部修改不至于破坏宪法的整体结构,不同国家的制宪者们除了在宪法文本中设置防止任意修改的程序条款外,另外一个重要手段是在宪法中规定宪法修改内容的限制。如法国宪法第 89 条也对修宪内容进行了限制:"政府的共和政体不得作为修宪的对象。"我国现行宪法虽然并没有明确规定哪些条文是不可修改的内容,但是很显然四项基本原则是不可被修改的。四项基本原则是我国的立国之本,是社会主义宪法的基础,若被修改则国家的基本性质就将发生变化,宪法的性质也将随之变化。

(二)宪法修改程序

由于世界上大多数国家的宪法都是成文宪法,因此在修改程序的设置上往往高于普通法律。修宪程序一般包括以下几步:

1.提案。宪法修改的提案程序,是指提出宪法修改议案的程序,涉及到提出宪法修正案的主体及其动议成立的条件。各国宪法对于修宪主体都做了非常严格的规定,一般的提案主体有立法机关、国家元首、行政机关、公民联名、地方政府,最常见的修宪提案主体是立法机关。① 还有一些国家在修改宪法的时候会成立临时性的修宪机关,由该机关专门负责修宪。

2.议决。宪法修改草案提出后,要进入审查和表决程序,这在很多国家都是修宪的核心环节。一般而言,大多数国家都为宪法修改设置了一个较高门槛的批准条件。最常见的要求之一就是在立法机关达到 2/3 多数赞成。在不少国家,这一条件只是修宪程序的一部分要求。如在美国联邦宪法中,修宪除了国会两院以 2/3 多数赞成通过以后,还需要由各州的议会以 3/4 的多数赞成通过。在实际的修宪议决程序中,99%以上的修宪提案都难以获得国会两院的多数通过,因此最终能够成为宪法正式修正案的只是凤毛麟角。

3.公布。宪法修改草案经过法定程序通过后,还需要以一定方式予以公布,才能产生相应的效力。一般的宪法修正案的公布机关有国家元首、立法机关、行政机关。我国宪法的公布机关并没有明确的规定,在实践中通常的做法都是由全国人大会议主席团以"全国人民代表大会公告"的形式予以公布。

四、宪法惯例

宪法惯例是指在宪法条文中没有明文规定,但在实际政治生活中存在和通用,被国家及民众默认而具有宪法效力的习惯和传统。宪法惯例是一个重

---

① 　参见李龙:《宪法基础理论》,武汉大学出版社 1999 年版,第 240 页。

要的宪法范畴,其最早产生于英国,并作为一种宪法现象广泛存在于不成文宪法中。即使是在成文宪法中,宪法惯例也具有不可替代的重要作用。宪法惯例从字面上来看,应当是在长期的政治实践中形成的,并被反复适用,以至于达到了较强约束力的规则。宪法惯例和宪法的主要区别在于,宪法惯例虽然也体现了宪法的基本精神和原则,但它不能通过法院来强制执行,而只能透过政治运作来使规则得以执行。① 违反宪法惯例的行为可能会承担一定的政治责任,但并不必然承担法律上的责任,这和其他的违法行为是有明显区别的。

宪法惯例的产生是政治行为发展的结果,因此是一种政治现象。由于宪法惯例在长期反复的适用中形成了一定的约束力,具有了一些法律的特征,因此宪法惯例既具有政治性的特征又具有法律性的特征,是两者的混合体,任何只谈到其中一个方面的说法都是片面的。

第二节　违宪审查

一、违宪审查概述

宪法实施和宪政秩序的建立都需要对违宪的行为进行审查和纠正。所谓的违宪审查就是指享有违宪审查权的国家机关依法定的程序和方式审查立法或特定行为是否符合宪法的制度。违宪审查制度起源于 1803 年美国的马伯里诉麦迪逊案,该案确立了司法机关进行违宪审查的先例,并逐渐为世界其他国家所接受和效仿。各国根据自己本国的实际情况,发展出了多种违宪审查模式,有效地保障了宪法的实施和法制的统一,维护了宪法的权威和尊严,保障了公民的基本权利。可以说,违宪审查制度已经构成了一个国家权力运行过程中的基本纠错机制,是宪法正常运行的必要保障。

二、中国的违宪审查制度
(一)中国违宪审查制度的现状
新中国成立以来,我国的违宪审查制度经历了一个逐步发展的过程,到目

---

① 参见[英]惠尔:《现代宪法》,翟小波译,法律出版社 2006 年版,第 115 页。

前为止,我国的违宪审查制度已经由宪法、立法法、行政法规制度程序条例、规章制度程序条例等法律规范性文件所确定下来,形成了中国特色的违宪审查制度。

1.审查模式。根据现行宪法第六十二、六十七条的规定,全国人大和全国人大常委会负责"监督宪法的实施"。这也就从宪法的高度将违宪审查权赋予了全国人大和全国人大常委会。为了更好地履行这项职责,2004年5月在全国人大法制工作委员会之下设立了法规审查备案室,专门负责对法规的合法性审查。因此,我国是采用权力机关负责违宪审查的模式。

2.审查对象。我国违宪审查主要是针对法律等规范性文件。立法法第八十八条规定,"(一)全国人民代表大会有权改变或者撤销它的常务委员会制定的不适当的法律,有权撤销全国人民代表大会常务委员会批准的违背宪法和本法第六十六条第二款规定的自治条例和单行条例;(二)全国人民代表大会常务委员会有权撤销同宪法和法律相抵触的行政法规,有权撤销同宪法、法律和行政法规相抵触的地方性法规,有权撤销省、自治区、直辖市的人民代表大会常务委员会批准的违背宪法和本法第六十六条第二款规定的自治条例和单行条例"。也就是说法律、行政法规、地方性法规、自治条例和单行条例都被纳入了违宪审查的范围。

3.审查形式。我国采用事前审查和事后审查相结合的方式。事前审查的方式主要是,根据宪法第一百一十六条规定,"民族自治地方的人民代表大会有权依照当地民族的政治、经济和文化的特点,制定自治条例和单行条例。自治区的自治条例和单行条例,报全国人民代表大会常务委员会批准后生效"。其他事项采用事后审查,如我国立法法第九十条规定:"国务院、中央军事委员会、最高人民法院、最高人民检察院和各省、自治区、直辖市的人民代表大会常务委员会认为行政法规、地方性法规、自治条例和单行条例同宪法或者法律相抵触的,可以向全国人民代表大会常务委员会书面提出进行审查的要求,由常务委员会工作机构分送有关的专门委员会进行审查、提出意见。前款规定以外的其他国家机关和社会团体、企业事业组织以及公民认为行政法规、地方性法规、自治条例和单行条例同宪法或者法律相抵触的,可以向全国人民代表大会常务委员会书面提出进行审查的建议,由常务委员会工作机构进行研究,必要时,送有关的专门委员会进行审查、提出意见。"

(二)中国违宪审查制度的完善

如何完善我国的违宪审查制度一直以来都是我国宪法理论和实践所关注的重要问题,也是事关社会主义法治国家成败的关键。许多学者提供了具有建设性的意见,综合来说有:(1)建立司法机关审查模式,由普通法院主要是最高人民法院行使违宪审查权;(2)建立专门机关审查模式,设立独立于其他国家机构的宪法法院;(3)在全国人大下设立一个与全国人大常委会平行的宪法委员会专门负责违宪审查职责;(4)将现行的全国人大法律委员会改为宪法和法律委员会,在保持其原有职权不变的基础上增加违宪审查权;(5)在全国人大下设立一个性质及职责与各专门委员会相同,协助全国人大及其常委会监督宪法实施的宪法委员会。① 这些意见从不同的角度出发都有其合理性的一面,但是完善我国的违宪审查制度可以说是个浩大的系统性工程,在设计我国的违宪审查制度时需要注意适应我国国情、吸收外国先进经验并能够有效实施。

我们认为,首先,必须坚持从我国的根本政治制度出发。人民代表大会是我国的根本政治制度,人民代表大会是人民意志的集中体现,是最高的国家权力机关,行政机关、司法机关都从属于人大,对人大负责并报告工作。坚持这一制度是我国违宪审查制度能够有效运转的基础和前提。其次,建立专门的违宪审查机关。无论是采用宪法法院还是宪法委员会,建立一个专门负责违宪审查的机关是当务之急。只有成立了这么一个专门机关,违宪审查工作才能经常性地开展。再次,完善违宪审查程序,扩大违宪审查的范围。缺乏程序性规定直接导致我国的违宪审查有名无实,宪法赋予了全国人大及其常委会这项权力,却无法真正地实施。因此,应当尽早完善违宪审查的程序。目前,我国只能对法律等规范性文件进行违宪审查,与其他国家相比,范围明显狭窄,需要扩大违宪审查的范围,把选举、国家机关的行为、公民基本权利的保护都纳入到违宪审查中来。最后,违宪审查制度需要与其他制度性、系统性改革相配合。违宪审查制度从本质上是一种对于违宪行为的纠错机制,由于宪法的政治性特征,这种机制的建立不仅是一个法律上的问题,更是一个政治上的问题。建立一套能够行之有效的违宪审查制度,就意味着政治上的问题可以

---

① 参见周叶中主编:《宪法》,高等教育出版社、北京大学出版社 2000 年版,第 409 页。

通过法律的途径进行解决,也就等同于要求政治行为首先要形成法律,未能形成法律的政治行为对公民不具有强制力和约束力,唯有如此违宪审查制度的建立才是有意义的。

违宪审查制度是一种宪法监督的形式,旨在通过专门机关来保证宪法的有效实施。但是违宪审查制度并不是保证宪法实施的唯一有效工具,它甚至也不是最重要的工具,其他国家机关、社会组织和公民个体同样负有监督宪法实施,捍卫宪法精神的责任。现行宪法序言中的最后一句话从根本法的高度明确了监督宪法实施的多元化主体:"全国各族人民、一切国家机关和武装力量、各政党和各社会团体、各企业事业组织,都必须以宪法为根本的活动准则,并且负有维护宪法尊严、保证宪法实施的职责。"

中华人民共和国宪法

（1982 年 12 月 4 日第五届全国人民代表大会第五次会议通过　1982 年 12 月 4 日全国人民代表大会公告公布施行

根据 1988 年 4 月 12 日第七届全国人民代表大会第一次会议通过的《中华人民共和国宪法修正案》、1993 年 3 月 29 日第八届全国人民代表大会第一次会议通过的《中华人民共和国宪法修正案》、1999 年 3 月 15 日第九届全国人民代表大会第二次会议通过的《中华人民共和国宪法修正案》和 2004 年 3 月 14 日第十届全国人民代表大会第二次会议通过的《中华人民共和国宪法修正案》修正）

目　录

序　言

中国是世界上历史最悠久的国家之一。中国各族人民共同创造了光辉灿烂的文化,具有光荣的革命传统。

一八四〇年以后,封建的中国逐渐变成半殖民地、半封建的国家。中国人民为国家独立、民族解放和民主自由进行了前仆后继的英勇奋斗。

二十世纪,中国发生了翻天覆地的伟大历史变革。

一九一一年孙中山先生领导的辛亥革命,废除了封建帝制,创立了中华民国。但是,中国人民反对帝国主义和封建主义的历史任务还没有完成。

一九四九年,以毛泽东主席为领袖的中国共产党领导中国各族人民,在经历了长期的艰难曲折的武装斗争和其他形式的斗争以后,终于推翻了帝国主义、封建主义和官僚资本主义的统治,取得了新民主主义革命的伟大胜利,建立了中华人民共和国。从此,中国人民掌握了国家的权力,成为国家的主人。

中华人民共和国成立以后,我国社会逐步实现了由新民主主义到社会主义的过渡。生产资料私有制的社会主义改造已经完成,人剥削人的制度已经消灭,社会主义制度已经确立。工人阶级领导的、以工农联盟为基础的人民民主专政,实质上即无产阶级专政,得到巩固和发展。中国人民和中国人民解放军战胜了帝国主义、霸权主义的侵略、破坏和武装挑衅,维护了国家的独立和安全,增强了国防。经济建设取得了重大的成就,独立的、比较完整的社会主义工业体系已经基本形成,农业生产显著提高。教育、科学、文化等事业有了很大的发展,社会主义思想教育取得了明显的成效。广大人民的生活有了较大的改善。

中国新民主主义革命的胜利和社会主义事业的成就,是中国共产党领导中国各族人民,在马克思列宁主义、毛泽东思想的指引下,坚持真理,修正错误,战胜许多艰难险阻而取得的。我国将长期处于社会主义初级阶段。国家的根本任务是,沿着中国特色社会主义道路,集中力量进行社会主义现代化建设。中国各族人民将继续在中国共产党领导下,在马克思列宁主义、毛泽东思想、邓小平理论和"三个代表"重要思想指引下,坚持人民民主专政,坚持社会主义道路,坚持改革开放,不断完善社会主义的各项制度,发展社会主义市场经济,发展社会主义民主,健全社会主义法制,自力更生,艰苦奋斗,逐步实现工业、农业、国防和科学技术的现代化,推动物质文明、政治文明和精神文明协调发展,把我国建设成为富强、民主、文明的社会主义国家。

在我国,剥削阶级作为阶级已经消灭,但是阶级斗争还将在一定范围内长期存在。中国人民对敌视和破坏我国社会主义制度的国内外的敌对势力和敌对分子,必须进行斗争。

台湾是中华人民共和国的神圣领土的一部分。完成统一祖国的大业是包括台湾同胞在内的全中国人民的神圣职责。

社会主义的建设事业必须依靠工人、农民和知识分子,团结一切可以团结的力量。在长期的革命和建设过程中,已经结成由中国共产党领导的,有各民主党派和各人民团体参加的,包括全体社会主义劳动者、社会主义事业的建设者、拥护社会主义的爱国者和拥护祖国统一的爱国者的广泛的爱国统一战线,这个统一战线将继续巩固和发展。中国人民政治协商会议是有广泛代表性的统一战线组织,过去发挥了重要的历史作用,今后在国家政治生活、社会生活和对外友好活动中,在进行社会主义现代化建设、维护国家的统一和团结的斗争中,将进一步发挥它的重要作用。中国共产党领导的多党合作和政治协商制度将长期存在和发展。

中华人民共和国是全国各族人民共同缔造的统一的多民族国家。平等、团结、互助的社会主义民族关系已经确立,并将继续加强。在维护民族团结的斗争中,要反对大民族主义,主要是大汉族主义,也要反对地方民族主义。国家尽一切努力,促进全国各民族的共同繁荣。

中国革命和建设的成就是同世界人民的支持分不开的。中国的前途是同世界的前途紧密地联系在一起的。中国坚持独立自主的对外政策,坚持互相尊重主权和领土完整、互不侵犯、互不干涉内政、平等互利、和平共处的五项原则,发展同各国的外交关系和经济、文化的交流;坚持反对帝国主义、霸权主义、殖民主义,加强同世界各国人民的团结,支持被压迫民族和发展中国家争取和维护民族独立、发展民族经济的正义斗争,为维护世界和平和促进人类进步事业而努力。

本宪法以法律的形式确认了中国各族人民奋斗的成果,规定了国家的根本制度和根本任务,是国家的根本法,具有最高的法律效力。全国各族人民、一切国家机关和武装力量、各政党和各社会团体、各企业事业组织,都必须以宪法为根本的活动准则,并且负有维护宪法尊严、保证宪法实施的职责。

第一章 总 纲

第一条 中华人民共和国是工人阶级领导的、以工农联盟为基础的人民民主专政的社会主义国家。

社会主义制度是中华人民共和国的根本制度。禁止任何组织或者个人破坏社会主义制度。

第二条 中华人民共和国的一切权力属于人民。

人民行使国家权力的机关是全国人民代表大会和地方各级人民代表大会。

人民依照法律规定,通过各种途径和形式,管理国家事务,管理经济和文化事业,管理社会事务。

第三条 中华人民共和国的国家机构实行民主集中制的原则。

全国人民代表大会和地方各级人民代表大会都由民主选举产生,对人民负责,受人民监督。

国家行政机关、审判机关、检察机关都由人民代表大会产生,对它负责,受它监督。

中央和地方的国家机构职权的划分,遵循在中央的统一领导下,充分发挥地方的主动性、积极性的原则。

第四条 中华人民共和国各民族一律平等。国家保障各少数民族的合法的权利和利益,维护和发展各民族的平等、团结、互助关系。禁止对任何民族的歧视和压迫,禁止破坏民族团结和制造民族分裂的行为。

国家根据各少数民族的特点和需要,帮助各少数民族地区加速经济和文化的发展。

各少数民族聚居的地方实行区域自治,设立自治机关,行使自治权。各民族自治地方都是中华人民共和国不可分离的部分。

各民族都有使用和发展自己的语言文字的自由,都有保持或者改革自己的风俗习惯的自由。

第五条 中华人民共和国实行依法治国,建设社会主义法治国家。

国家维护社会主义法制的统一和尊严。

一切法律、行政法规和地方性法规都不得同宪法相抵触。

一切国家机关和武装力量、各政党和各社会团体、各企业事业组织都必须遵守宪法和法律。一切违反宪法和法律的行为,必须予以追究。

任何组织或者个人都不得有超越宪法和法律的特权。

第六条 中华人民共和国的社会主义经济制度的基础是生产资料的社会主义公有制,即全民所有制和劳动群众集体所有制。社会主义公有制消灭人剥削人的制度,实行各尽所能、按劳分配的原则。

国家在社会主义初级阶段,坚持公有制为主体、多种所有制经济共同发展的基本经济制度,坚持按劳分配为主体、多种分配方式并存的分配制度。

第七条 国有经济,即社会主义全民所有制经济,是国民经济中的主导力量。国家保障国有经济的巩固和发展。

第八条 农村集体经济组织实行家庭承包经营为基础、统分结合的双层经营体制。农村中的生产、供销、信用、消费等各种形式的合作经济,是社会主义劳动群众集体所有制经济。参加农村集体经济组织的劳动者,有权在法律规定的范围内经营自留地、自留山、家庭副业和饲养自留畜。

城镇中的手工业、工业、建筑业、运输业、商业、服务业等行业的各种形式的合作经济,都是社会主义劳动群众集体所有制经济。

国家保护城乡集体经济组织的合法的权利和利益,鼓励、指导和帮助集体经济的发展。

第九条 矿藏、水流、森林、山岭、草原、荒地、滩涂等自然资源,都属于国家所有,即全民所有;由法律规定属于集体所有的森林和山岭、草原、荒地、滩涂除外。

国家保障自然资源的合理利用,保护珍贵的动物和植物。禁止任何组织或者个人用任何手段侵占或者破坏自然资源。

第十条 城市的土地属于国家所有。

农村和城市郊区的土地,除由法律规定属于国家所有的以外,属于集体所有;宅基地和自留地、自留山,也属于集体所有。

国家为了公共利益的需要,可以依照法律规定对土地实行征收或者征用并给予补偿。

任何组织或者个人不得侵占、买卖或者以其他形式非法转让土地。土地的使用权可以依照法律的规定转让。

一切使用土地的组织和个人必须合理地利用土地。

第十一条　在法律规定范围内的个体经济、私营经济等非公有制经济,是社会主义市场经济的重要组成部分。

国家保护个体经济、私营经济等非公有制经济的合法的权利和利益。国家鼓励、支持和引导非公有制经济的发展,并对非公有制经济依法实行监督和管理。

第十二条　社会主义的公共财产神圣不可侵犯。

国家保护社会主义的公共财产。禁止任何组织或者个人用任何手段侵占或者破坏国家的和集体的财产。

第十三条　公民的合法的私有财产不受侵犯。

国家依照法律规定保护公民的私有财产权和继承权。

国家为了公共利益的需要,可以依照法律规定对公民的私有财产实行征收或者征用并给予补偿。

第十四条　国家通过提高劳动者的积极性和技术水平,推广先进的科学技术,完善经济管理体制和企业经营管理制度,实行各种形式的社会主义责任制,改进劳动组织,以不断提高劳动生产率和经济效益,发展社会生产力。

国家厉行节约,反对浪费。

国家合理安排积累和消费,兼顾国家、集体和个人的利益,在发展生产的基础上,逐步改善人民的物质生活和文化生活。

国家建立健全同经济发展水平相适应的社会保障制度。

第十五条　国家实行社会主义市场经济。

国家加强经济立法,完善宏观调控。

国家依法禁止任何组织或者个人扰乱社会经济秩序。

第十六条　国有企业在法律规定的范围内有权自主经营。

国有企业依照法律规定,通过职工代表大会和其他形式,实行民主管理。

第十七条　集体经济组织在遵守有关法律的前提下,有独立进行经济活动的自主权。

集体经济组织实行民主管理,依照法律规定选举和罢免管理人员,决定经营管理的重大问题。

第十八条 中华人民共和国允许外国的企业和其他经济组织或者个人依照中华人民共和国法律的规定在中国投资,同中国的企业或者其他经济组织进行各种形式的经济合作。

在中国境内的外国企业和其他外国经济组织以及中外合资经营的企业,都必须遵守中华人民共和国的法律。它们的合法的权利和利益受中华人民共和国法律的保护。

第十九条 国家发展社会主义的教育事业,提高全国人民的科学文化水平。

国家举办各种学校,普及初等义务教育,发展中等教育、职业教育和高等教育,并且发展学前教育。

国家发展各种教育设施,扫除文盲,对工人、农民、国家工作人员和其他劳动者进行政治、文化、科学、技术、业务的教育,鼓励自学成才。

国家鼓励集体经济组织、国家企业事业组织和其他社会力量依照法律规定举办各种教育事业。

国家推广全国通用的普通话。

第二十条 国家发展自然科学和社会科学事业,普及科学和技术知识,奖励科学研究成果和技术发明创造。

第二十一条 国家发展医疗卫生事业,发展现代医药和我国传统医药,鼓励和支持农村集体经济组织、国家企业事业组织和街道组织举办各种医疗卫生设施,开展群众性的卫生活动,保护人民健康。

国家发展体育事业,开展群众性的体育活动,增强人民体质。

第二十二条 国家发展为人民服务、为社会主义服务的文学艺术事业、新闻广播电视事业、出版发行事业、图书馆博物馆文化馆和其他文化事业,开展群众性的文化活动。

国家保护名胜古迹、珍贵文物和其他重要历史文化遗产。

第二十三条 国家培养为社会主义服务的各种专业人才,扩大知识分子的队伍,创造条件,充分发挥他们在社会主义现代化建设中的作用。

第二十四条 国家通过普及理想教育、道德教育、文化教育、纪律和法制教育,通过在城乡不同范围的群众中制定和执行各种守则、公约,加强社会主义精神文明的建设。

国家提倡爱祖国、爱人民、爱劳动、爱科学、爱社会主义的公德,在人民中进行爱国主义、集体主义和国际主义、共产主义的教育,进行辩证唯物主义和历史唯物主义的教育,反对资本主义的、封建主义的和其他的腐朽思想。

第二十五条　国家推行计划生育,使人口的增长同经济和社会发展计划相适应。

第二十六条　国家保护和改善生活环境和生态环境,防治污染和其他公害。

国家组织和鼓励植树造林,保护林木。

第二十七条　一切国家机关实行精简的原则,实行工作责任制,实行工作人员的培训和考核制度,不断提高工作质量和工作效率,反对官僚主义。

一切国家机关和国家工作人员必须依靠人民的支持,经常保持同人民的密切联系,倾听人民的意见和建议,接受人民的监督,努力为人民服务。

第二十八条　国家维护社会秩序,镇压叛国和其他危害国家安全的犯罪活动,制裁危害社会治安、破坏社会主义经济和其他犯罪的活动,惩办和改造犯罪分子。

第二十九条　中华人民共和国的武装力量属于人民。它的任务是巩固国防,抵抗侵略,保卫祖国,保卫人民的和平劳动,参加国家建设事业,努力为人民服务。

国家加强武装力量的革命化、现代化、正规化的建设,增强国防力量。

第三十条　中华人民共和国的行政区域划分如下:

(一)全国分为省、自治区、直辖市;

(二)省、自治区分为自治州、县、自治县、市;

(三)县、自治县分为乡、民族乡、镇。

直辖市和较大的市分为区、县。自治州分为县、自治县、市。

自治区、自治州、自治县都是民族自治地方。

第三十一条　国家在必要时得设立特别行政区。在特别行政区内实行的制度按照具体情况由全国人民代表大会以法律规定。

第三十二条　中华人民共和国保护在中国境内的外国人的合法权利和利益,在中国境内的外国人必须遵守中华人民共和国的法律。

中华人民共和国对于因为政治原因要求避难的外国人,可以给予受庇护的权利。

第二章　公民的基本权利和义务

第三十三条　凡具有中华人民共和国国籍的人都是中华人民共和国公民。

中华人民共和国公民在法律面前一律平等。

国家尊重和保障人权。

任何公民享有宪法和法律规定的权利,同时必须履行宪法和法律规定的义务。

第三十四条　中华人民共和国年满十八周岁的公民,不分民族、种族、性别、职业、家庭出身、宗教信仰、教育程度、财产状况、居住期限,都有选举权和被选举权;但是依照法律被剥夺政治权利的人除外。

第三十五条　中华人民共和国公民有言论、出版、集会、结社、游行、示威的自由。

第三十六条　中华人民共和国公民有宗教信仰自由。

任何国家机关、社会团体和个人不得强制公民信仰宗教或者不信仰宗教,不得歧视信仰宗教的公民和不信仰宗教的公民。

国家保护正常的宗教活动。任何人不得利用宗教进行破坏社会秩序、损害公民身体健康、妨碍国家教育制度的活动。

宗教团体和宗教事务不受外国势力的支配。

第三十七条　中华人民共和国公民的人身自由不受侵犯。

任何公民,非经人民检察院批准或者决定或者人民法院决定,并由公安机关执行,不受逮捕。

禁止非法拘禁和以其他方法非法剥夺或者限制公民的人身自由,禁止非法搜查公民的身体。

第三十八条　中华人民共和国公民的人格尊严不受侵犯。禁止用任何方法对公民进行侮辱、诽谤和诬告陷害。

第三十九条　中华人民共和国公民的住宅不受侵犯。禁止非法搜查或者非法侵入公民的住宅。

第四十条　中华人民共和国公民的通信自由和通信秘密受法律的保护。

除因国家安全或者追查刑事犯罪的需要,由公安机关或者检察机关依照法律规定的程序对通信进行检查外,任何组织或者个人不得以任何理由侵犯公民的通信自由和通信秘密。

第四十一条　中华人民共和国公民对于任何国家机关和国家工作人员,有提出批评和建议的权利;对于任何国家机关和国家工作人员的违法失职行为,有向有关国家机关提出申诉、控告或者检举的权利,但是不得捏造或者歪曲事实进行诬告陷害。

对于公民的申诉、控告或者检举,有关国家机关必须查清事实,负责处理。任何人不得压制和打击报复。

由于国家机关和国家工作人员侵犯公民权利而受到损失的人,有依照法律规定取得赔偿的权利。

第四十二条　中华人民共和国公民有劳动的权利和义务。

国家通过各种途径,创造劳动就业条件,加强劳动保护,改善劳动条件,并在发展生产的基础上,提高劳动报酬和福利待遇。

劳动是一切有劳动能力的公民的光荣职责。国有企业和城乡集体经济组织的劳动者都应当以国家主人翁的态度对待自己的劳动。国家提倡社会主义劳动竞赛,奖励劳动模范和先进工作者。国家提倡公民从事义务劳动。

国家对就业前的公民进行必要的劳动就业训练。

第四十三条　中华人民共和国劳动者有休息的权利。

国家发展劳动者休息和休养的设施,规定职工的工作时间和休假制度。

第四十四条　国家依照法律规定实行企业事业组织的职工和国家机关工作人员的退休制度。退休人员的生活受到国家和社会的保障。

第四十五条　中华人民共和国公民在年老、疾病或者丧失劳动能力的情况下,有从国家和社会获得物质帮助的权利。国家发展为公民享受这些权利所需要的社会保险、社会救济和医疗卫生事业。

国家和社会保障残废军人的生活,抚恤烈士家属,优待军人家属。

国家和社会帮助安排盲、聋、哑和其他有残疾的公民的劳动、生活和教育。

第四十六条　中华人民共和国公民有受教育的权利和义务。

国家培养青年、少年、儿童在品德、智力、体质等方面全面发展。

第四十七条　中华人民共和国公民有进行科学研究、文学艺术创作和其他文化活动的自由。国家对于从事教育、科学、技术、文学、艺术和其他文化事业的公民的有益于人民的创造性工作,给以鼓励和帮助。

第四十八条 中华人民共和国妇女在政治的、经济的、文化的、社会的和家庭的生活等各方面享有同男子平等的权利。

国家保护妇女的权利和利益,实行男女同工同酬,培养和选拔妇女干部。

第四十九条 婚姻、家庭、母亲和儿童受国家的保护。

夫妻双方有实行计划生育的义务。

父母有抚养教育未成年子女的义务,成年子女有赡养扶助父母的义务。

禁止破坏婚姻自由,禁止虐待老人、妇女和儿童。

第五十条 中华人民共和国保护华侨的正当的权利和利益,保护归侨和侨眷的合法的权利和利益。

第五十一条 中华人民共和国公民在行使自由和权利的时候,不得损害国家的、社会的、集体的利益和其他公民的合法的自由和权利。

第五十二条 中华人民共和国公民有维护国家统一和全国各民族团结的义务。

第五十三条 中华人民共和国公民必须遵守宪法和法律,保守国家秘密,爱护公共财产,遵守劳动纪律,遵守公共秩序,尊重社会公德。

第五十四条 中华人民共和国公民有维护祖国的安全、荣誉和利益的义务,不得有危害祖国的安全、荣誉和利益的行为。

第五十五条 保卫祖国、抵抗侵略是中华人民共和国每一个公民的神圣职责。

依照法律服兵役和参加民兵组织是中华人民共和国公民的光荣义务。

第五十六条 中华人民共和国公民有依照法律纳税的义务。

第三章 国 家 机 构

第一节 全国人民代表大会

第五十七条 中华人民共和国全国人民代表大会是最高国家权力机关。它的常设机关是全国人民代表大会常务委员会。

第五十八条 全国人民代表大会和全国人民代表大会常务委员会行使国

家立法权。

第五十九条　全国人民代表大会由省、自治区、直辖市、特别行政区和军队选出的代表组成。各少数民族都应当有适当名额的代表。

全国人民代表大会代表的选举由全国人民代表大会常务委员会主持。

全国人民代表大会代表名额和代表产生办法由法律规定。

第六十条　全国人民代表大会每届任期五年。

全国人民代表大会任期届满的两个月以前,全国人民代表大会常务委员会必须完成下届全国人民代表大会代表的选举。如果遇到不能进行选举的非常情况,由全国人民代表大会常务委员会以全体组成人员的三分之二以上的多数通过,可以推迟选举,延长本届全国人民代表大会的任期。在非常情况结束后一年内,必须完成下届全国人民代表大会代表的选举。

第六十一条　全国人民代表大会会议每年举行一次,由全国人民代表大会常务委员会召集。如果全国人民代表大会常务委员会认为必要,或者有五分之一以上的全国人民代表大会代表提议,可以临时召集全国人民代表大会会议。

全国人民代表大会举行会议的时候,选举主席团主持会议。

第六十二条　全国人民代表大会行使下列职权:

(一)修改宪法;

(二)监督宪法的实施;

(三)制定和修改刑事、民事、国家机构的和其他的基本法律;

(四)选举中华人民共和国主席、副主席;

(五)根据中华人民共和国主席的提名,决定国务院总理的人选;根据国务院总理的提名,决定国务院副总理、国务委员、各部部长、各委员会主任、审计长、秘书长的人选;

(六)选举中央军事委员会主席;根据中央军事委员会主席的提名,决定中央军事委员会其他组成人员的人选;

(七)选举最高人民法院院长;

(八)选举最高人民检察院检察长;

(九)审查和批准国民经济和社会发展计划和计划执行情况的报告;

(十)审查和批准国家的预算和预算执行情况的报告;

（十一）改变或者撤销全国人民代表大会常务委员会不适当的决定；

（十二）批准省、自治区和直辖市的建置；

（十三）决定特别行政区的设立及其制度；

（十四）决定战争和和平的问题；

（十五）应当由最高国家权力机关行使的其他职权。

第六十三条 全国人民代表大会有权罢免下列人员：

（一）中华人民共和国主席、副主席；

（二）国务院总理、副总理、国务委员、各部部长、各委员会主任、审计长、秘书长；

（三）中央军事委员会主席和中央军事委员会其他组成人员；

（四）最高人民法院院长；

（五）最高人民检察院检察长。

第六十四条 宪法的修改，由全国人民代表大会常务委员会或者五分之一以上的全国人民代表大会代表提议，并由全国人民代表大会以全体代表的三分之二以上的多数通过。

法律和其他议案由全国人民代表大会以全体代表的过半数通过。

第六十五条 全国人民代表大会常务委员会由下列人员组成：

委员长，

副委员长若干人，

秘书长，

委员若干人。

全国人民代表大会常务委员会组成人员中，应当有适当名额的少数民族代表。

全国人民代表大会选举并有权罢免全国人民代表大会常务委员会的组成人员。

全国人民代表大会常务委员会的组成人员不得担任国家行政机关、审判机关和检察机关的职务。

第六十六条 全国人民代表大会常务委员会每届任期同全国人民代表大会每届任期相同，它行使职权到下届全国人民代表大会选出新的常务委员会为止。

委员长、副委员长连续任职不得超过两届。

第六十七条　全国人民代表大会常务委员会行使下列职权：

（一）解释宪法，监督宪法的实施；

（二）制定和修改除应当由全国人民代表大会制定的法律以外的其他法律；

（三）在全国人民代表大会闭会期间，对全国人民代表大会制定的法律进行部分补充和修改，但是不得同该法律的基本原则相抵触；

（四）解释法律；

（五）在全国人民代表大会闭会期间，审查和批准国民经济和社会发展计划、国家预算在执行过程中所必须作的部分调整方案；

（六）监督国务院、中央军事委员会、最高人民法院和最高人民检察院的工作；

（七）撤销国务院制定的同宪法、法律相抵触的行政法规、决定和命令；

（八）撤销省、自治区、直辖市国家权力机关制定的同宪法、法律和行政法规相抵触的地方性法规和决议；

（九）在全国人民代表大会闭会期间，根据国务院总理的提名，决定部长、委员会主任、审计长、秘书长的人选；

（十）在全国人民代表大会闭会期间，根据中央军事委员会主席的提名，决定中央军事委员会其他组成人员的人选；

（十一）根据最高人民法院院长的提请，任免最高人民法院副院长、审判员、审判委员会委员和军事法院院长；

（十二）根据最高人民检察院检察长的提请，任免最高人民检察院副检察长、检察员、检察委员会委员和军事检察院检察长，并且批准省、自治区、直辖市的人民检察院检察长的任免；

（十三）决定驻外全权代表的任免；

（十四）决定同外国缔结的条约和重要协定的批准和废除；

（十五）规定军人和外交人员的衔级制度和其他专门衔级制度；

（十六）规定和决定授予国家的勋章和荣誉称号；

（十七）决定特赦；

（十八）在全国人民代表大会闭会期间，如果遇到国家遭受武装侵犯或者

必须履行国际间共同防止侵略的条约的情况,决定战争状态的宣布;

(十九)决定全国总动员或者局部动员;

(二十)决定全国或者个别省、自治区、直辖市进入紧急状态;

(二十一)全国人民代表大会授予的其他职权。

第六十八条 全国人民代表大会常务委员会委员长主持全国人民代表大会常务委员会的工作,召集全国人民代表大会常务委员会会议。副委员长、秘书长协助委员长工作。

委员长、副委员长、秘书长组成委员长会议,处理全国人民代表大会常务委员会的重要日常工作。

第六十九条 全国人民代表大会常务委员会对全国人民代表大会负责并报告工作。

第七十条 全国人民代表大会设立民族委员会、法律委员会、财政经济委员会、教育科学文化卫生委员会、外事委员会、华侨委员会和其他需要设立的专门委员会。在全国人民代表大会闭会期间,各专门委员会受全国人民代表大会常务委员会的领导。

各专门委员会在全国人民代表大会和全国人民代表大会常务委员会领导下,研究、审议和拟订有关议案。

第七十一条 全国人民代表大会和全国人民代表大会常务委员会认为必要的时候,可以组织关于特定问题的调查委员会,并且根据调查委员会的报告,作出相应的决议。

调查委员会进行调查的时候,一切有关的国家机关、社会团体和公民都有义务向它提供必要的材料。

第七十二条 全国人民代表大会代表和全国人民代表大会常务委员会组成人员,有权依照法律规定的程序分别提出属于全国人民代表大会和全国人民代表大会常务委员会职权范围内的议案。

第七十三条 全国人民代表大会代表在全国人民代表大会开会期间,全国人民代表大会常务委员会组成人员在常务委员会开会期间,有权依照法律规定的程序提出对国务院或者国务院各部、各委员会的质询案。受质询的机关必须负责答复。

第七十四条 全国人民代表大会代表,非经全国人民代表大会会议主席团许可,在全国人民代表大会闭会期间非经全国人民代表大会常务委员会许可,不受逮捕或者刑事审判。

第七十五条　全国人民代表大会代表在全国人民代表大会各种会议上的发言和表决,不受法律追究。

第七十六条　全国人民代表大会代表必须模范地遵守宪法和法律,保守国家秘密,并且在自己参加的生产、工作和社会活动中,协助宪法和法律的实施。

全国人民代表大会代表应当同原选举单位和人民保持密切的联系,听取和反映人民的意见和要求,努力为人民服务。

第七十七条　全国人民代表大会代表受原选举单位的监督。原选举单位有权依照法律规定的程序罢免本单位选出的代表。

第七十八条　全国人民代表大会和全国人民代表大会常务委员会的组织和工作程序由法律规定。

第二节　中华人民共和国主席

第七十九条　中华人民共和国主席、副主席由全国人民代表大会选举。

有选举权和被选举权的年满四十五周岁的中华人民共和国公民可以被选为中华人民共和国主席、副主席。

中华人民共和国主席、副主席每届任期同全国人民代表大会每届任期相同,连续任职不得超过两届。

第八十条　中华人民共和国主席根据全国人民代表大会的决定和全国人民代表大会常务委员会的决定,公布法律,任免国务院总理、副总理、国务委员、各部部长、各委员会主任、审计长、秘书长,授予国家的勋章和荣誉称号,发布特赦令,宣布进入紧急状态,宣布战争状态,发布动员令。

第八十一条　中华人民共和国主席代表中华人民共和国,进行国事活动,接受外国使节;根据全国人民代表大会常务委员会的决定,派遣和召回驻外全权代表,批准和废除同外国缔结的条约和重要协定。

第八十二条　中华人民共和国副主席协助主席工作。

中华人民共和国副主席受主席的委托,可以代行主席的部分职权。

第八十三条　中华人民共和国主席、副主席行使职权到下届全国人民代表大会选出的主席、副主席就职为止。

第八十四条 中华人民共和国主席缺位的时候,由副主席继任主席的职位。

中华人民共和国副主席缺位的时候,由全国人民代表大会补选。

中华人民共和国主席、副主席都缺位的时候,由全国人民代表大会补选;在补选以前,由全国人民代表大会常务委员会委员长暂时代理主席职位。

第三节　国　务　院

第八十五条 中华人民共和国国务院,即中央人民政府,是最高国家权力机关的执行机关,是最高国家行政机关。

第八十六条 国务院由下列人员组成:

总理,

副总理若干人,

国务委员若干人,

各部部长,

各委员会主任,

审计长,

秘书长。

国务院实行总理负责制。各部、各委员会实行部长、主任负责制。

国务院的组织由法律规定。

第八十七条 国务院每届任期同全国人民代表大会每届任期相同。

总理、副总理、国务委员连续任职不得超过两届。

第八十八条 总理领导国务院的工作。副总理、国务委员协助总理工作。

总理、副总理、国务委员、秘书长组成国务院常务会议。

总理召集和主持国务院常务会议和国务院全体会议。

第八十九条 国务院行使下列职权:

(一)根据宪法和法律,规定行政措施,制定行政法规,发布决定和命令;

(二)向全国人民代表大会或者全国人民代表大会常务委员会提出议案;

(三)规定各部和各委员会的任务和职责,统一领导各部和各委员会的工作,并且领导不属于各部和各委员会的全国性的行政工作;

（四）统一领导全国地方各级国家行政机关的工作，规定中央和省、自治区、直辖市的国家行政机关的职权的具体划分；

（五）编制和执行国民经济和社会发展计划和国家预算；

（六）领导和管理经济工作和城乡建设；

（七）领导和管理教育、科学、文化、卫生、体育和计划生育工作；

（八）领导和管理民政、公安、司法行政和监察等工作；

（九）管理对外事务，同外国缔结条约和协定；

（十）领导和管理国防建设事业；

（十一）领导和管理民族事务，保障少数民族的平等权利和民族自治地方的自治权利；

（十二）保护华侨的正当的权利和利益，保护归侨和侨眷的合法的权利和利益；

（十三）改变或者撤销各部、各委员会发布的不适当的命令、指示和规章；

（十四）改变或者撤销地方各级国家行政机关的不适当的决定和命令；

（十五）批准省、自治区、直辖市的区域划分，批准自治州、县、自治县、市的建置和区域划分；

（十六）依照法律规定决定省、自治区、直辖市的范围内部分地区进入紧急状态；

（十七）审定行政机构的编制，依照法律规定任免、培训、考核和奖惩行政人员；

（十八）全国人民代表大会和全国人民代表大会常务委员会授予的其他职权。

第九十条　国务院各部部长、各委员会主任负责本部门的工作；召集和主持部务会议或者委员会会议、委务会议，讨论决定本部门工作的重大问题。

各部、各委员会根据法律和国务院的行政法规、决定、命令，在本部门的权限内，发布命令、指示和规章。

第九十一条　国务院设立审计机关，对国务院各部门和地方各级政府的财政收支，对国家的财政金融机构和企业事业组织的财务收支，进行审计监督。

审计机关在国务院总理领导下，依照法律规定独立行使审计监督权，不受其他行政机关、社会团体和个人的干涉。

第九十二条 国务院对全国人民代表大会负责并报告工作;在全国人民代表大会闭会期间,对全国人民代表大会常务委员会负责并报告工作。

第四节 中央军事委员会

第九十三条 中华人民共和国中央军事委员会领导全国武装力量。

中央军事委员会由下列人员组成:

主席,

副主席若干人,

委员若干人。

中央军事委员会实行主席负责制。

中央军事委员会每届任期同全国人民代表大会每届任期相同。

第九十四条 中央军事委员会主席对全国人民代表大会和全国人民代表大会常务委员会负责。

第五节 地方各级人民代表大会 和地方各级人民政府

第九十五条 省、直辖市、县、市、市辖区、乡、民族乡、镇设立人民代表大会和人民政府。

地方各级人民代表大会和地方各级人民政府的组织由法律规定。

自治区、自治州、自治县设立自治机关。自治机关的组织和工作根据宪法第三章第五节、第六节规定的基本原则由法律规定。

第九十六条 地方各级人民代表大会是地方国家权力机关。

县级以上的地方各级人民代表大会设立常务委员会。

第九十七条 省、直辖市、设区的市的人民代表大会代表由下一级的人民代表大会选举;县、不设区的市、市辖区、乡、民族乡、镇的人民代表大会代表由选民直接选举。

地方各级人民代表大会代表名额和代表产生办法由法律规定。

第九十八条 地方各级人民代表大会每届任期五年。

第九十九条 地方各级人民代表大会在本行政区域内,保证宪法、法律、行政法规的遵守和执行；依照法律规定的权限，通过和发布决议，审查和决定地方的经济建设、文化建设和公共事业建设的计划。

县级以上的地方各级人民代表大会审查和批准本行政区域内的国民经济和社会发展计划、预算以及它们的执行情况的报告；有权改变或者撤销本级人民代表大会常务委员会不适当的决定。

民族乡的人民代表大会可以依照法律规定的权限采取适合民族特点的具体措施。

第一百条　省、直辖市的人民代表大会和它们的常务委员会，在不同宪法、法律、行政法规相抵触的前提下，可以制定地方性法规，报全国人民代表大会常务委员会备案。

第一百零一条　地方各级人民代表大会分别选举并且有权罢免本级人民政府的省长和副省长、市长和副市长、县长和副县长、区长和副区长、乡长和副乡长、镇长和副镇长。

县级以上的地方各级人民代表大会选举并且有权罢免本级人民法院院长和本级人民检察院检察长。选出或者罢免人民检察院检察长，须报上级人民检察院检察长提请该级人民代表大会常务委员会批准。

第一百零二条　省、直辖市、设区的市的人民代表大会代表受原选举单位的监督；县、不设区的市、市辖区、乡、民族乡、镇的人民代表大会代表受选民的监督。

地方各级人民代表大会代表的选举单位和选民有权依照法律规定的程序罢免由他们选出的代表。

第一百零三条　县级以上的地方各级人民代表大会常务委员会由主任、副主任若干人和委员若干人组成，对本级人民代表大会负责并报告工作。

县级以上的地方各级人民代表大会选举并有权罢免本级人民代表大会常务委员会的组成人员。

县级以上的地方各级人民代表大会常务委员会的组成人员不得担任国家行政机关、审判机关和检察机关的职务。

第一百零四条　县级以上的地方各级人民代表大会常务委员会讨论、决定本行政区域内各方面工作的重大事项；监督本级人民政府、人民法院和人民检察院的工作；撤销本级人民政府的不适当的决定和命令；撤销下一级人民代表大会的不适当的决议;依照法律规定的权限决定国家机关工作人员的任免;在本级人民代表大会闭会期间,罢免和补选上一级人民代表大会的个别代表。

第一百零五条 地方各级人民政府是地方各级国家权力机关的执行机关,是地方各级国家行政机关。

地方各级人民政府实行省长、市长、县长、区长、乡长、镇长负责制。

第一百零六条 地方各级人民政府每届任期同本级人民代表大会每届任期相同。

第一百零七条 县级以上地方各级人民政府依照法律规定的权限,管理本行政区域内的经济、教育、科学、文化、卫生、体育事业、城乡建设事业和财政、民政、公安、民族事务、司法行政、监察、计划生育等行政工作,发布决定和命令,任免、培训、考核和奖惩行政工作人员。

乡、民族乡、镇的人民政府执行本级人民代表大会的决议和上级国家行政机关的决定和命令,管理本行政区域内的行政工作。

省、直辖市的人民政府决定乡、民族乡、镇的建置和区域划分。

第一百零八条 县级以上的地方各级人民政府领导所属各工作部门和下级人民政府的工作,有权改变或者撤销所属各工作部门和下级人民政府的不适当的决定。

第一百零九条 县级以上的地方各级人民政府设立审计机关。地方各级审计机关依照法律规定独立行使审计监督权,对本级人民政府和上一级审计机关负责。

第一百一十条 地方各级人民政府对本级人民代表大会负责并报告工作。县级以上的地方各级人民政府在本级人民代表大会闭会期间,对本级人民代表大会常务委员会负责并报告工作。

地方各级人民政府对上一级国家行政机关负责并报告工作。全国地方各级人民政府都是国务院统一领导下的国家行政机关,都服从国务院。

第一百一十一条 城市和农村按居民居住地区设立的居民委员会或者村民委员会是基层群众性自治组织。居民委员会、村民委员会的主任、副主任和委员由居民选举。居民委员会、村民委员会同基层政权的相互关系由法律规定。

居民委员会、村民委员会设人民调解、治安保卫、公共卫生等委员会,办理本居住地区的公共事务和公益事业,调解民间纠纷,协助维护社会治安,并且向人民政府反映群众的意见、要求和提出建议。

第六节　民族自治地方的自治机关

第一百一十二条　民族自治地方的自治机关是自治区、自治州、自治县的人民代表大会和人民政府。

第一百一十三条　自治区、自治州、自治县的人民代表大会中,除实行区域自治的民族的代表外,其他居住在本行政区域内的民族也应当有适当名额的代表。

自治区、自治州、自治县的人民代表大会常务委员会中应当有实行区域自治的民族的公民担任主任或者副主任。

第一百一十四条　自治区主席、自治州州长、自治县县长由实行区域自治的民族的公民担任。

第一百一十五条　自治区、自治州、自治县的自治机关行使宪法第三章第五节规定的地方国家机关的职权,同时依照宪法、民族区域自治法和其他法律规定的权限行使自治权,根据本地方实际情况贯彻执行国家的法律、政策。

第一百一十六条　民族自治地方的人民代表大会有权依照当地民族的政治、经济和文化的特点,制定自治条例和单行条例。自治区的自治条例和单行条例,报全国人民代表大会常务委员会批准后生效。自治州、自治县的自治条例和单行条例,报省或者自治区的人民代表大会常务委员会批准后生效,并报全国人民代表大会常务委员会备案。

第一百一十七条　民族自治地方的自治机关有管理地方财政的自治权。凡是依照国家财政体制属于民族自治地方的财政收入,都应当由民族自治地方的自治机关自主地安排使用。

第一百一十八条　民族自治地方的自治机关在国家计划的指导下,自主地安排和管理地方性的经济建设事业。

国家在民族自治地方开发资源、建设企业的时候,应当照顾民族自治地方的利益。

第一百一十九条　民族自治地方的自治机关自主地管理本地方的教育、科学、文化、卫生、体育事业;保护和整理民族的文化遗产,发展和繁荣民族文化。

第一百二十条 民族自治地方的自治机关依照国家的军事制度和当地的实际需要,经国务院批准,可以组织本地方维护社会治安的公安部队。

第一百二十一条 民族自治地方的自治机关在执行职务的时候,依照本民族自治地方自治条例的规定,使用当地通用的一种或者几种语言文字。

第一百二十二条 国家从财政、物资、技术等方面帮助各少数民族加速发展经济建设和文化建设事业。

国家帮助民族自治地方从当地民族中大量培养各级干部、各种专业人才和技术工人。

第七节　人民法院和人民检察院

第一百二十三条 中华人民共和国人民法院是国家的审判机关。

第一百二十四条 中华人民共和国设立最高人民法院、地方各级人民法院和军事法院等专门人民法院。

最高人民法院院长每届任期同全国人民代表大会每届任期相同,连续任职不得超过两届。

人民法院的组织由法律规定。

第一百二十五条 人民法院审理案件,除法律规定的特别情况外,一律公开进行。被告人有权获得辩护。

第一百二十六条 人民法院依照法律规定独立行使审判权,不受行政机关、社会团体和个人的干涉。

第一百二十七条 最高人民法院是最高审判机关。

最高人民法院监督地方各级人民法院和专门人民法院的审判工作,上级人民法院监督下级人民法院的审判工作。

第一百二十八条 最高人民法院对全国人民代表大会和全国人民代表大会常务委员会负责。地方各级人民法院对产生它的国家权力机关负责。

第一百二十九条 中华人民共和国人民检察院是国家的法律监督机关。

第一百三十条 中华人民共和国设立最高人民检察院、地方各级人民检察院和军事检察院等专门人民检察院。

最高人民检察院检察长每届任期同全国人民代表大会每届任期相同,连续任职不得超过两届。

人民检察院的组织由法律规定。

第一百三十一条　人民检察院依照法律规定独立行使检察权,不受行政机关、社会团体和个人的干涉。

第一百三十二条　最高人民检察院是最高检察机关。

最高人民检察院领导地方各级人民检察院和专门人民检察院的工作,上级人民检察院领导下级人民检察院的工作。

第一百三十三条　最高人民检察院对全国人民代表大会和全国人民代表大会常务委员会负责。地方各级人民检察院对产生它的国家权力机关和上级人民检察院负责。

第一百三十四条　各民族公民都有用本民族语言文字进行诉讼的权利。人民法院和人民检察院对于不通晓当地通用的语言文字的诉讼参与人,应当为他们翻译。

在少数民族聚居或者多民族共同居住的地区,应当用当地通用的语言进行审理;起诉书、判决书、布告和其他文书应当根据实际需要使用当地通用的一种或者几种文字。

第一百三十五条　人民法院、人民检察院和公安机关办理刑事案件,应当分工负责,互相配合,互相制约,以保证准确有效地执行法律。

第四章　国旗、国歌、国徽、首都

第一百三十六条　中华人民共和国国旗是五星红旗。

中华人民共和国国歌是《义勇军进行曲》。

第一百三十七条　中华人民共和国国徽,中间是五星照耀下的天安门,周围是谷穗和齿轮。

第一百三十八条　中华人民共和国首都是北京。

后　　记

宪法的事业是亿万人民的事业,而亿万人民对宪法精神和宪法知识的掌握是宪法力量的源泉。希望本书的出版能够有所裨益于中国的宪法教育和宪法启蒙。

本书的写作分工具体如下:秦前红撰写第一章;翟明煜撰写第四章、第五章;丁伊林撰写第三章;张健、丁伊林合作撰写第二章;全书由秦前红提出编写大纲并统一定稿。

本书从选题策划到结构安排再到内容、文字的斟酌都花费了人民出版社李春林老师的巨大心血,在此我们所有作者向他表示特别的感谢。

由于作者的水平有限,错误在所难免,敬祈广大读者批评指正。

秦前红

2014 年 12 月

责任编辑:李春林
装帧设计:周涛勇
责任校对:张红霞

图书在版编目(CIP)数据

中国宪法读本/秦前红 主编. –北京:人民出版社,2015.4
ISBN 978 – 7 – 01 – 014282 – 1

Ⅰ.①中… Ⅱ.①秦… Ⅲ.①宪法-中国-学习参考资料 Ⅳ.①D921.04

中国版本图书馆 CIP 数据核字(2014)第 294002 号

中国宪法读本

ZHONGGUO XIANFA DUBEN

秦前红　主编

人民出版社 出版发行

(100706　北京市东城区隆福寺街 99 号)

北京市大兴县新魏印刷厂印刷　新华书店经销

2015 年 4 月第 1 版　2015 年 4 月北京第 1 次印刷
开本:710 毫米×1000 毫米 1/16　印张:11.75　插页:3
字数:185 千字　印数:0,001-5,000 册

ISBN 978 – 7 – 01 – 014282 – 1　定价:30.00 元

邮购地址 100706　北京市东城区隆福寺街 99 号
人民东方图书销售中心　电话 (010)65250042　65289539